122개 핵심만 콕콕 집어주는

똑똑한 중국어 문법책

세토구치 리츠코 지음
다지마 아키코 · 박영환 옮김

초판 8쇄 | 2017년 8월 10일

지은이 | 세토구치 리츠코
옮긴이 | 다지마 아키코, 박영환
발행인 | 김태웅
편집장 | 강석기
편　집 | 권민서, 정지선, 김효수, 김다정
디자인 | 방혜자, 이미영, 김효정, 서진희
마케팅 총괄 | 나재승
마케팅 | 서재욱, 김귀찬, 이종민, 오승수, 조경현
온라인 마케팅 | 김철영, 양윤모
제　작 | 현대순
총　무 | 한경숙, 안서현, 최여진, 강아담
관　리 | 김훈희, 이국희, 김승훈, 이규재

발행처 | 동양북스
등　록 | 제10-806호(1993년 4월 3일)
주　소 | 서울시 마포구 동교로 22길 12 (121-842)
전　화 | (02)337-1737
팩　스 | (02)334-6624

http://www.dongyangbooks.com

ISBN 89-8300-530-0 03720
ISBN 978-89-8300-530-4

KANZEN MASTER CHUGOKUGO NO BUNPOU RITSUKO SETOGUCHI 2003
Originally published in Japan in 2003 by Goken Co., Ltd.
Korean translation rights arranged through TOHAN CORPORATION, TOKYO
and BOOKCOSMOS, SEOUL

"10년이나 20년 뒤를 생각한다면 지금 당장 중국어를 배우라!"
한국이나 중국에서 떠드는 말이 아닙니다. 한자문화권이 아니어서 중국어를 어려워할 것 같은 프랑스에서 볼 수 있는 광고판 문구입니다. 미국에서도 최근에 중국어 관련 과정을 개설하려는 대학이 2천여 개에 달한다고 합니다. 전 세계적으로 중국어 학습 열풍이 불고 있습니다.

한국의 입장에서 보면 중국은 최대 교역상대국이자 수출대상국이며 동시에 무역흑자국입니다. 한국 유학생이 거의 5만 명에 육박하고 한 해 중국 방문자 수도 350만에 이릅니다. 아직도 무한한 시장성을 가진 중국, 아시아권에서 국가 경쟁력을 확보하기 위해서는 중국어를 활용할 수 있는 인재의 양성이 시급합니다. 그러나 실제로는 턱없이 부족한 실정입니다. 가령 현장에서 직접 뛰는 엔지니어들이 중국어를 할 수 있다면 산업의 협력관계는 무한히 커질 수 있습니다.

이 책(원제 : ≪완전 마스터 중국어 문법≫)을 번역한 가장 중요한 이유가 여기에 있습니다. 초보자들도 쉽게 중국어를 학습할 수 있는 '쉽고 실용적인 학습서'이기 때문입니다. 교실에서 사용할 수 있는 문법서인 동시에, 항상 휴대하고 다니면서 필요할 때 연습하고 중국어 규칙을 머릿속에 정리해볼 수 있어서, 중국어를 효율적으로 습득할 수 있습니다.

저자의 세심한 해설과 구체적인 설명을 최대한 반영하면서 한국어로도 쉽게 풀어 쓰고자 노력했으나, 소기의 목적에 이르지 못한 아쉬움이 남습니다. 독자의 입장에서 여러 의견을 제시해준 연구실 조교와 대학원생들에게 고맙다는 인사를 보내면서 역자의 글을 마치고자 합니다.

옮긴이 다지마 아키코, 박영환

ContentS

Contents

PART ❷ 문장으로 정리하는 어법

PART ❶ 콕콕 집어주고 꼼꼼하게 다져주는 122개 핵심문법

핵심문법 122개?
까짓것
한번 해보지 뭐!

01장

是문장

⊕ 명사 ⊕ 대사

是동사는 '~이다'라는 뜻으로, 주어와 목적어 사이의 관계를 판단합니다.
특별히 강조하는 경우를 제외하고는 경성으로 발음합니다.

我是韩国人。

Wǒ shì Hánguórén.

저는 한국 사람입니다.

영어는 주어의 인칭이나 시제, 복수 여부에 따라 동사의 형태가 변하지만,
중국어는 동사에 형태의 변화가 없습니다.

'나', '너', '그것'처럼 사람이나 사물을 본래의 이름 대신 지칭하는 말이 인칭대사입니다.

단수	제1인칭	제2인칭	제3인칭
	我 나, 저 wǒ	你 너, 당신 nǐ 您　당신 nín	他 그　　她 그녀 tā　　　tā 它 그것 tā
복수	我们 우리들 wǒmen 咱们 우리들 zánmen	你们　당신들 nǐmen	他们　그들 tāmen 她们 그녀들 tāmen 它们 이것들 tāmen

보충

1　您은 2인칭의 높임말입니다. 그렇지만 복수형은 您们이라고 하지 않고 你们으로 씁니다.

2　它는 사물을 가리키지만 그냥 인칭대사로 봅니다. 대화 속에서 3인칭의 사물이 처음 언급될 때는 这, 那로 칭하지만, 두 번째부터는 它, 它们이 됩니다.

3　咱们은 구어에서 자주 쓰입니다. 화자와 청자(들), 모두를 포함합니다. 또한 你, 你们보다 친근하게 표현할 때 咱们을 쓰기도 합니다. 일반적으로 또래들끼리 이야기할 때 많이 씁니다.

 **002** 是문장 – 긍정문

주어 + 是 + 목적어(명사)

我　　是　　韩国人。　　Wǒ shì Hánguórén. 저는 한국인입니다.

> **보충** 他们是学生。Tāmen shì xuésheng. 그들은 학생입니다. (주어가 복수 – 동사의 형태가 변하지 않습니다.)
>
> 这是手表。Zhè shì shǒubiǎo. 이것은 손목시계입니다. (주어가 3인칭 단수 – 동사의 형태가 변하지 않습니다.)

 **003** 是문장 – 부정문

주어 + 不 + 是 + 목적어

동사 是 앞에 부정부사 不를 붙입니다.

我　　　不是　　　韩国人。　　　Wǒ búshì Hánguórén. 저는 한국인이 아닙니다.

> **보충** 他们不是学生。Tāmen búshì xuésheng. 그들은 학생이 아닙니다.
>
> 这不是手表。Zhè búshì shǒubiǎo. 이것은 손목시계가 아닙니다.

① 吗의문문 :　주어 + 是 + 목적어 + 吗?
② 정반의문문 :　주어 + 是不是 + 목적어?
　　　　　　　　주어 + 是 + 목적어 + 不是?

　[네]　　是。주어 + 是 + 목적어。
　[아니오]　不是。주어 + 不是 + 목적어。

(보충) 这是报吗? Zhè shì bào ma? 이것은 신문입니까?

＝ 这是不是报? Zhè shì bu shì bào?

＝ 这是报不是? Zhè shì bào bú shì?

是, 这是报。 Shì, zhè shì bào. 네, 이것은 신문입니다.

不是, 这不是报。 Bú shì, zhè bú shì bào. 아니오, 이것은 신문이 아닙니다.

주어나 목적어 중 질문하고 싶은 곳에 의문대사를 넣어서 구체적으로 묻습니다.
이때는 문장 끝에 조사 吗가 필요 없습니다.

주어 + 是 + 의문대사?

　这　　是　　什么?　　　Zhè shì shénme? 이것은 무엇입니까?
　这　　是　　杂志。　　　Zhè shì zázhì 이것은 잡지입니다.

(보충) 你的兴趣是什么? Nǐ de xìngqù shì shénme? 당신의 취미는 무엇입니까?

他是谁? Tā shì shéi / shuí? 그는 누구입니까?

(他)是小李。 (Tā) shì Xiǎo Lǐ. 이씨입니다.

你是哪国人? Nǐ shì nǎguó rén? 어느 나라 분이십니까?

我是日本人。 Wǒ shì Rìběnrén. 저는 일본인입니다.

你的生日是什么时候? Nǐ de shēngrì shì shénme shíhou? 당신의 생일은 언제입니까?

3인칭의 사람·사물을 '거리에 따라 지시하여 부르는 말'입니다. 시간적·심리적· 공간적으로 가까운 것을 这, 먼 것을 那, 의문의 뜻은 哪로 표현합니다. 이때 哪는 단독으로 사용하지 못하고 哪国人처럼, 항상 부속어와 함께 씁니다.

	단수		복수	
가까운 것 이것	这 zhè / zhèi	这个 zhège / zhèige	가까운 것 이것들	这些 zhèxiē / zhèixiē
먼 것 그것, 저것	那 nà / nèi	那个 nàge / nèige	먼 것 그것들, 저것들	那些 nàxiē / nèixiē
의문 어느 것	哪 nǎ / něi	哪个 nǎge / něige	의문 어느 것들	哪些 nǎxiē / něixiē

这是你的照相机吗? Zhè shì nǐ de zhàoxiàngjī ma? 이것은 당신의 카메라입니까?

那不是我的，是她的。 Nà bú shì wǒ de, shì tā de. 그것은 제 것이 아닙니다. 그녀의 것입니다.

那是什么杂志? Nà shì shénme zázhì? 그것은 무슨 잡지입니까?

보충 1 这个, 那个는 这一个, 那一个의 축약형입니다. 그래서 这, 那는 복수에 쓰이지만, 这个, 那个는 복수에 쓸 수 없습니다.

2 这个是~, 那个是~는 这是~, 那是~보다 대상을 특정화하는 느낌이 더 강합니다.

哪个是你的? Nǎge shì nǐ de? 어느 것이 당신 것입니까?

➡ 这个是我的。 Zhè ge shì wǒ de. 이것이 제 것입니다.

 **007 한정어 的**

명사(또는 명사에 준하는 말)를 다른 명사의 수식어로 연결합니다. 的를 꼭 써야 하는 경우와 쓰지 않는 경우가 있으니 따로 알아둡니다.

① **的를 꼭 쓴다** : 소유관계 | 소속관계
② **的를 쓰지 않는다** : 가족 | 소속단체 | 지인
　　　　　　　　　　　　두 단어가 긴밀히 연결되어 숙어처럼 인식될 때

보충 [소유]　　　我的书包 wǒ de shūbāo 나의 가방　你的钢笔 nǐ de gāngbǐ 당신의 펜
　　　　　　　　他的领带 tā de lǐngdài 그이의 넥타이
　　　[가족]　　　他哥哥 tā gēge 그이의 형
　　　[소속단체]　我们学校 wǒmen xuéxiào 우리 학교　我们班 wǒmen bān 우리 반
　　　[지인]　　　我朋友 wǒ péngyou 저의 친구
　　　[두 단어가 긴밀히 연결되어 숙어처럼 인식될 때]
　　　　　　　中国老师 Zhōngguó lǎoshī 중국인 선생님　英文报 Yīngwén bào 영자신문

* 대화 안에서 的 뒤에 이어지는 명사를 서로 분명히 알고 있을 때 생략이 가능합니다.
那是你的书包吗? Nà shì nǐ de shūbāo ma? 그것은 당신의 가방입니까?
➡ 不，那是她的(书包)。Bù, nà shì tā de (shūbāo). 아니오, 그것은 그녀의 것입니다.
(그녀의 '가방'이라는 것을 쉽게 알 수 있기에 생략 가능합니다.)

 **명사의 종류**

1 사람, 구체적인 것

妈妈 māma 어머니　　青年 qīngnián 청년　　学生 xuéshēng 학생　　书 shū 책

床 chuáng 침대　　树 shù 나무　　汽车 qìchē 자동차

2 추상적인 것

道德 dàodé 도덕　　意义 yìyì 의미, 의의　　品质 pǐnzhì 품질　　和平 hépíng 평화

科学 kēxué 과학　　文化 wénhuà 문화　　能力 nénglì 능력　　知识 zhīshi 지식

3 시간, 장소

早晨 아침　　今天 오늘　　明年 내년　　去年 작년
zǎochén　　jīntiān　　míngnián　　qùnián

前天 그저께　　现在 지금　　北京 베이징　　亚洲 아시아
qiántiān　　xiànzài　　Běijīng　　yàzhōu

美国 미국　　国内 국내　　郊区 교외　　附近 근처
měiguó　　guónèi　　jiāoqū　　fùjìn

4 방위

东 동쪽　　上 위　　右 오른쪽
dōng　　shàng　　yòu

前面 앞쪽　　后头 뒤쪽　　旁边 옆
qiánmiàn　　hòutóu　　pángbiān

 **명사의 특징**

1 수량사(수사+양사)의 수식을 받습니다. 성어나 과학기술 용어는 양사 없이 수사만 쓰일 수도 있습니다.

两个人 liǎng gè rén 두 명의 사람　　三只狮子 sān zhī shīzi 세 마리의 사자

五湖四海 wǔ hú sì hǎi 방방곡곡　　四锥体 sì zhuī tǐ 네 개의 추체

2 부사의 수식을 받지 않습니다. 다만 명사술어문의 경우에는 명사를 술어로 봐서 부사의 수식이 가능합니다.

（×）不天 bù tiān　　（×）很苹果 hěn píngguǒ　　（×）很老虎 hěn lǎohǔ

今天又星期三了。Jīntiān yòu xīngqīsān le. 오늘은 다시 수요일이 되었습니다.

我学习汉语已经两年了。Wǒ xuéxí Hànyǔ yǐjīng liǎng nián le.
저는 중국어를 공부한 지 벌써 2년이 됩니다.

这些东西一共三百元。Zhèxiē dōngxi yígòng sānbǎi yuán.
이 물건들은 합쳐서 300위엔입니다.

3 성어, 속담 및 일부 추상명사는 부정부사 不의 수식을 받을 수 있습니다.

人不人，鬼不鬼。 Rén bù rén, guǐ bù guǐ. 사람이 사람 같지 않고, 귀신이 귀신 같지 않다.

不道德。 bú dàodé. 비도덕적이다.　　　不文明。 bù wénmíng. 문명적이 아니다.

4 주어, 목적어, 관형어, 술어(일부 명사)로 쓰입니다. 시간사, 방위사는 부사어도 됩니다.

我们的人民是勤劳的人民。 Wǒmen de rénmín shì qínláo de rénmín.
우리 인민은 부지런한 인민입니다. 〈관형어〉

明天国庆节。 Míngtiān guóqìngjié. 내일은 국경절입니다. 〈주어〉

今天晴天。 Jīntiān qíngtiān. 오늘은 맑은 날씨입니다. 〈술어〉

我今天休息。 Wǒ jīntiān xiūxi. 저는 오늘 쉬는 날입니다. 〈부사어〉

里面静悄悄的。 Lǐmiàn jìngqiāoqiāo de. 안은 고요합니다. 〈부사어〉

5 단수와 복수에 형태 변화가 없습니다. 그래서 복수는 수량사로 표현합니다.

一本书 yì běn shū 책 한 권　　　　　　　两本书 liǎng běn shū 책 두 권

一位老师 yí wèi lǎoshī 선생님 한 분　　　五位老师 wǔ wèi lǎoshī 선생님 다섯 분

6 중첩하여 쓰지 않습니다. 다만 일부 단음절 명사는 중첩하여 '어느 것도, 모두'라는 뜻으로 쓸 수 있습니다.

（×）水水 shuǐshuǐ　（×）学生学生 xuéshengxuésheng　（×）茶杯茶杯 chábēichábēi

人人都爱和平。 Rénrén dōu ài hépíng. 누구나 평화를 사랑합니다.

家家都是有钱人。 Jiājiā dōu shì yǒuqiánrén. 모두 부자입니다.

꼼꼼심화 대사의 특징

1 다른 품사의 수식을 받지 않습니다.

2 인칭대사는 주어, 목적어, 관형어로 쓰입니다.
지시대사와 의문대사는 주어, 목적어, 부사어, 보어, 술어로 쓰입니다.

那是电视。 Nà shì diànshì. 그것은 텔레비전입니다. 〈주어〉

这是他的书。 Zhè shì tā de shū. 저것은 그의 책입니다. 〈관형어〉

他是谁？ Tā shì shéi? 그는 누구입니까? 〈목적어〉

大家都这么说。 Dàjiā dōu zhème shuō. 모두들 이렇게 말하고 있습니다. 〈부사어〉

工作进行得怎么样？ Gōngzuò jìnxíng de zěnmeyàng? 일의 진행상황이 어때요? 〈보어〉

他怎么啦？ Tā zěnme la? 그는 어떻게 된 거예요? 〈술어〉

3 중첩할 수 없습니다. 你你你, 什么什么 등의 표현은 연용이지 중첩 형태가 아닙니다.

02장 동사술어문 ⊕ 의문대사 ⊕ 이합사

동사술어문은 동사가 술어의 주요한 부분을 형성하면서 동작·행위를 서술하는 문장입니다. 주어의 인칭, 시제, 숫자에 관계없이 형태의 변화가 없습니다.

你喝咖啡吗? 커피를 마시겠습니까?
Nǐ hē kāfēi ma?

타동사, 자동사, 이중목적어를 가지는 동사, 이합사 등 동사의 종류를 구분하는 것이 중요합니다.

 **008 동사술어문 – 긍정문**

① 주어 + 동사

我　　出去。　　　　　Wǒ chū qù. 저는 나갑니다.

② 주어 + 동사 + 목적어

他们　　学习　　中文。　Tāmen xuéxí Zhōngwén. 그들은 중국어를 공부하고 있습니다.

 보통 부사(어)가 앞에서 동사를 수식하는데, 이때 정도부사는 쓰지 않습니다. 정도부사는 심리 활동 동사에만 쓰입니다. (핵심 048 참고)

我很喜欢运动。Wǒ hěn xǐhuan yùndòng. 저는 운동하는 것을 매우 좋아합니다.

009 동사술어문 – 부정문

동사 앞에 不, 没를 붙입니다. 단순히 '~가 아니다'로 해석해도 되지만, 세부적으로 는 의지 · 습관 · 미래의 뜻이 있습니다.

주어 + 不 · 没 + 동사

주어 + 不 · 没 + 동사 + 목적어

보충 我不去。Wǒ bú qù. 저는 가지 않습니다. 〈의지 : ~하지 않는다〉

他不看电视。Tā bú kàn diànshì. 그는 텔레비전을 보지 않습니다. 〈습관 : (항상) ~하지 않는다〉

他不来。Tā bù lái. 그는 오지 않을 것입니다. 〈미래 : ~하지 않을 것이다〉

① **吗**의문문 　　주어 + 동사 + 목적어 + 吗?

　　　　　　　　　　　　　　　　　　　경성으로 읽습니다.

② **정반의문문** 　주어 + 동사 · 不 · 동사 + 목적어?

　　　　　　　　주어 + 동사 + 목적어 + 不 · 동사?

　　　　🔴 [네] 　　(주어 +) 동사
　　　　🔴 [아니오] (주어 +) 不 · 동사

③ **선택의문문** : A 还是 B

　　　　　　　　　2개 이상의 선택 중에서 하나를 고르는 의문문
　　　　　　　　　"A입니까? B입니까?"

[보충] 1 你们去棒球场吗? Nǐmen qù bàngqiúchǎng ma? 당신들은 야구장에 갑니까?
　🔴 (我们)去。(Wǒmen) qù. 갑니다. | (我们)不去。(Wǒmen) bú qù. 가지 않습니다.

　*　정중하게 대답할 경우에는 목적어까지 다 대답(我们去棒球场。我不喝茶。我们吃中国菜。)하기도
　　하지만, 회화에서는 생략할 수 있는 것은 모두 생략하여 간단하게 말합니다.

　你不去学校吗? Nǐ bú qù xuéxiào ma? 학교에 가지 않나요?
　🔴 (我)不去。(Wǒ) bú qù. 가지 않습니다. | (我)去。(Wǒ) qù. 갑니다.

　你喝不喝茶? Nǐ hē bu hē chá? 당신은 차를 마십니까?
　🔴 (我)喝。(Wǒ) hē. 마십니다. | (我)不喝。(Wǒ) bù hē. 안 마십니다.

2 你去，还是她去? Nǐ qu, háishì tā qù? 당신이 갑니까, 그녀가 갑니까?
　🔴 我去。Wǒ qù. 제가 갑니다. | 她去。Tā qù. 그녀가 갑니다.

　你喝红茶，还是喝咖啡? Nǐ hē hóngchá, háishì hē kāfēi?
　(당신은) 홍차를 마십니까, 혹은 커피를 마십니까?
　🔴 喝红茶。Hē hóngchá. 홍차를 마십니다. | 喝咖啡。Hē kāfēi. 커피를 마십니다.

　(O) 他是中国人，还是韩国人? Tā shì Zhōngguórén, háishì Hánguórén?
　　　그는 중국인입니까, 혹은 한국인입니까?
　(×) 他是中国人，还是是韩国人?

의문대사는 무엇, 어떤 것, 누구 등 명백하지 않은 것을 구체적으로 알기 위해 질문할 때 사용합니다. 평서문과 어순은 같고, 묻고자 하는 곳에 해당하는 의문대사를 쓰면 됩니다. 이때 吗는 붙이지 않습니다.

1. 什么 무엇, 어떤
2. 谁 누구
3. 哪 어느, 어느 것
4. 哪里 / 哪儿 어디, 어느 쪽
5. 怎么 어떻게 왜, 어째서
6. 怎样 어떤, 어떻게
7. 怎么样 [상황을 묻고] 어떻습니까?

8. 为什么 왜, 어째서
9. 什么时候 언제
10. 哪会儿 언제
11. 什么地方 어디
12. 几 [보통 10 미만의 수를 예상해서] 몇, 얼마
13. 多少 [보통 10 이상의 많은 수를 예상해서] 몇, 얼마

보충 1 你买什么? Nǐ mǎi shénme? 당신은 무엇을 삽니까?
  ➲ 我买CD(唱片)。Wǒ mǎi CD(chàngpiàn). CD를 삽니다.
  你喜欢什么歌? Nǐ xǐhuan shénme gē? 당신은 어떤 노래를 좋아합니까?
  ➲ 我喜欢中国歌曲。Wǒ xǐhuan Zhōngguó gēqǔ. 저는 중국 노래를 좋아합니다.

2 谁看录像? Shéi kàn lùxiàng? 누가 비디오를 봅니까?
  ➲ 他看录像。Tā kàn lùxiàng. 그가 봅니다.
  他是谁? Tā shì shéi? 그는 누구입니까?
  ➲ 他是我弟弟。Tā shì wǒ dìdi. 그는 제 동생입니다.

3 你要哪个? Nǐ yào nǎge? 당신은 어느 것이 필요합니까?
  ➲ 我要这个。Wǒ yào zhège / zhèige. 나는 이것이 필요합니다.
  你要哪种苹果? Nǐ yào nǎ / něi zhǒng píngguǒ? 당신은 어떤 종류의 사과를 원합니까?
  ➲ 我要'富士'苹果。Wǒ yào 'Fùshì' píngguǒ. 나는 '부사'를 원합니다.

4 你现在住在哪里? Nǐ xiànzài zhùzài nǎli? 당신은 지금 어디에 살고 있습니까?
  ➲ 你在哪儿工作? Nǐ zài nǎr gōngzuò? 당신은 어디에서 일합니까?

5 这个字怎么念? Zhège / zhèige zì zěnme niàn? 이 글자는 어떻게 읽습니까?
  ➲ 这个字念'yī'. Zhège / Zhèige zì niàn 'yī'. 이 글자는 yī 라고 읽습니다. 〈방법〉
  我的自行车怎么不见了? Wǒ de zìxíngchē zěnme bú jiàn le?
  내 자전거는 왜 보이지 않습니까? 〈원인·이유〉

6　你的中文老师是怎样的一个人呢?　Nǐ de Zhōngwén lǎoshī shì zěnyàng de yí ge rén ne?
　　당신의 중국어 선생님은 어떤 사람입니까? 〈성질〉(的를 수반하여 명사를 수식합니다)
　　他在水里怎样游的?　Tā zài shuǐli zěnyàng yóu de?
　　그는 물속에서 어떻게 헤엄쳤습니까? 〈방법〉

7　生意怎么样?　Shēngyì zěnmeyàng? 영업은 어떻습니까?
　　◑　很顺利。Hěn shùnlì. 순조롭습니다. 〈상황〉
　　他们的口语水平怎么样?　Tāmen de kǒuyǔ shuǐpíng zěnmeyàng?
　　그들의 회화 수준은 어떻습니까?
　　◑　一般。Yìbān. 그저 그렇습니다.

8　你为什么那么喜欢画画儿?　Nǐ wèi shénme nàme xǐhuan huà huār?
　　당신은 왜 그렇게 그림 그리는 것을 좋아합니까?
　　你为什么不吃早饭呢?　Nǐ wèi shénme bù chī zǎofàn ne?
　　당신은 왜 아침을 먹지 않습니까?

9　他们什么时候出发?　Tāmen shénme shíhou chūfā? 그들은 언제 출발합니까?
　　你先生什么时候从美国回来?　Nǐ xiānsheng shénme shíhou cóng Měiguó huílái?
　　당신 남편은 언제 미국에서 돌아오십니까?

10　你是哪会儿从北京回来的?　Ní shì nǎhuìr cóng Běijīng huílái de?
　　당신은 언제 베이징에서 돌아왔습니까?

11　那么, 我们在什么地方集合呢?　Nàme, wǒmen zài shénme dìfang jíhé ne?
　　그럼 우리들은 어디에서 모입니까?
　　除了上海以外, 你还去过什么地方?　Chúle Shànghǎi yǐwài, nǐ hái qùguo shénme dìfang?
　　상하이 이외에 당신은 또 어디에 갔었습니까?

12　您的小孩儿几岁了?　Nín de xiǎoháir jǐ suì le?
　　당신의 아이(아들, 딸)는 몇 살이 되었습니까?
　　你家有几口人?　Nǐ jiā yǒu jǐ kǒu rén? 당신의 가족은 몇 명입니까?

13　多少钱一个?　Duōshao qián yí ge? 하나에 얼마입니까?
　　你们公司有多少职员?　Nǐmen gōngsī yǒu duōshao zhíyuán?
　　당신 회사는 사원이 얼마나 됩니까?

동사는 목적어가 따라오느냐 아니냐에 따라서 타동사와 자동사로 나뉩니다.

① 타동사 + 목적어

看电影 kàn diànyǐng 영화를 보다

吃韩国菜 chī Hánguócài 한국 요리를 먹다

写信 xiě xìn 편지를 쓰다

唱歌儿 chàng gēr 노래를 부르다

② 자동사

咳嗽 késou 기침이 나다

游泳 yóuyǒng 헤엄치다

休息 xiūxi 쉬다

睡觉 shuìjiào 자다

③ 자동사도 되고 타동사도 되는 동사

자동사일 때와 타동사일 때 뜻이 다릅니다.

他笑了。 Tā xiào le. 그는 웃었습니다. 〈자동사 : 웃다〉

他笑她。 Tā xiào tā. 그는 그녀를 비웃습니다. 〈타동사 : 비웃다〉

他丢了。 Tā diū le. 그가 없어졌습니다. 〈자동사 : 없어지다〉

他丢了钱包。 Tā diūle qiánbāo. 그는 지갑을 분실했습니다. 〈타동사 : 분실하다〉

보충 ■ 기타 타동사

听音乐	tīng yīnyuè	음악을 듣다	喝橘子水	hē júzi shuǐ	오렌지에이드를 마시다
吸烟	xī yān	담배를 피우다	骑马	qí mǎ	말을 타다
打电话	dǎ diànhuà	전화를 걸다	买水果	mǎi shuǐguǒ	과일을 사다
穿衣服	chuān yīfu	옷을 입다	坐电车	zuò diànchē	전차를 타다
写汉字	xiě hànzì	한자를 쓰다	说汉语	shuō Hànyǔ	중국어를 말하다
包饺子	bāo jiǎozi	만두를 빚다	画画儿	huà huàr	그림을 그리다

 **013 이중목적어를 가지는 동사**

목적어를 2개 가지는 동사는 매우 소수입니다.

주어 + 동사 + 간접목적어[사람] + 직접목적어[물건]

马老师　教　　　　我们　　　　　　　　汉语。 Mǎ lǎoshī jiāo wǒmen Hànyǔ.
마선생님은 우리에게 중국어를 가르칩니다.

教 jiāo (가르치다)　　　送 sòng (보내다)　　　给 gěi (주다)　　　告诉 gàosu (고하다, 말하다)
借 jiè (빌리다, 빌려주다)　　还 huán (돌아가다, 돌려주다)　　问 wèn (묻다, 질문하다)

보충 他送了她一束花。 Tā sòngle tā yí shù huā. 그는 그녀에게 꽃 한 다발을 보냈습니다.
老师给了我们戏票。 Lǎoshī gěile wǒmen xìpiào. 선생님은 우리에게 연극 티켓을 주었습니다.
我不告诉他这件事。 Wǒ bú gàosu tā zhè jiàn shì. 나는 그에게 이 사실을 말하지 않습니다.

 **014 이합사**

중국어에는 특이한 형태의 동사로 이합사(离合词)라는 것이 있습니다. 帮忙처럼 하나의 동사가 '동사 + 목적어'로 이루어진 것을 말합니다. 동사가 목적어를 중복해서 수반하는 형태는 기본적으로 성립하지 않기 때문에 帮忙他로 쓰면 틀립니다. 이합사가 목적어를 가질 때는 다른 방법이 필요합니다.

① 목적어를 끼워 넣는 형태

帮忙 bāng // máng 돕다, 원조하다　　　（×）帮忙他
　　　　　　　　　　　　　　　　　（○）帮他的忙。 그를 돕다.

生气 shēng // qì 화내다　　　（×）生气他
　　　　　　　　　　　　　（○）生他的气。 그에게 화내다.

② 和나 给를 목적어의 앞에 내는 형태

洗澡 xǐ // zǎo 목욕하다

（×）洗澡孩子
（○）给孩子洗澡。 아이를 목욕시키다.

结婚 jié // hūn 결혼하다

（×）结婚他
（○）和他结婚。 그와 결혼하다.

③ 동사 앞에 넣는 형태

毕业 bì // yè 졸업하다

（×）毕业大学
（○）大学毕业。 대학을 졸업하다.

보충 着急 zháo // jí
초조하다, 안달하다

你们着什么急呢? Nǐmen zháo shénme jí ne?
당신들은 뭘 그렇게 초조해합니까?

请假 qǐng // jià
휴가를 받다.

我上个月请了三天假。 Wǒ shànggeyuè qǐngle sān tiān jià.
나는 지난달에 휴가를 3일 받았습니다.

吵架 chǎo // jià
다투다, 말다툼하다

我跟她吵过一次架。 Wǒ gēn tā chǎoguò yí cì jià.
나는 그녀와 다툰 적이 있습니다.

吃惊 chī // jīng
놀라다

这件事使我们吃了一惊。 Zhè jiàn shì shǐ wǒmen chīle yì jīng.
이 일로 우리는 많이 놀랐습니다.

随便 suí // biàn
마음대로 하다, 좋을 대로 하다

你参加不参加，随你的便。 Nǐ cānjiā bu cānjiā, suí nǐ de biàn.
참가하든지 말든지 마음대로 하세요.

存款 cún // kuǎn
저축하다

他在银行里存了大笔款。 Tā zài yínhángli cúnle dà bǐ kuǎn.
그는 은행에 많은 돈을 저축했습니다.

游泳 yóu // yǒng
헤엄치다

小朋友在游泳池游着泳呢。
Xiǎopéngyou zài yóuyǒngchí yóuzhe yǒng ne.
아이는 수영장에서 헤엄치고 있습니다.

1 동작 · 행위를 나타내는 동사

见	jiàn 만나다	听	tīng 듣다
看	kàn 보다	闻	wén 냄새를 맡다
吃	chī 먹다	喝	hē 마시다
说	shuō 말하다	坐	zuò 앉다
走	zǒu 걷다	学习	xuéxí 공부하다
参观	cānguān 견학하다	表演	biǎoyǎn 공연하다, 연기하다

2 존재 · 변화를 나타내는 동사

在	zài 있다	有	yǒu 가지고 있다, 있다
生长	shēngzhǎng 성장하다	发展	fāzhǎn 발전하다
增加	zēngjiā 증가하다	消灭	xiāomiè 소멸하다

3 심리상태를 나타내는 동사

爱	ài 사랑하다	恨	hèn 원망하다
想	xiǎng 사색하다, 생각하다	知道	zhīdao 알다
喜欢	xǐhuan 좋아하다	讨厌	tǎoyàn 싫다
害怕	hàipà 두려워하다	希望	xīwàng 희망하다
关心	guānxīn 관심을 가지다	感动	gǎndòng 감동하다

4 사역 · 명령을 나타내는 동사

使	shǐ 사람을 부리다, …시키다	让	ràng 양보하다, …시키다
派	pài 파견하다	叫	jiào …시키다
请	qǐng 청하다	命令	mìnglìng 명령하다

5 가능 · 소원 · 의무를 나타내는 동사(= 능원동사)

会	huì [기술적으로] …할 수 있다, [사태가] 있을 수 있다
能	néng [능력 · 권한 등이 있어] …할 수 있다, [사태가] 가능성이 있다
可以	kěyǐ [객관적인 조건상] …할 수 있다
可能	kěnéng 있을 수 있다, …일지도 모른다
要	yào …하고 싶다, …할 것이다, …해야 한다
愿意	yuànyì 희망하다, 원하다
应该	yīnggāi [도리상] 당연히 …해야 한다

6 동작의 방향을 나타내는 동사

~来	lái 오다 [화자에 접근]	~去	qù 가다 [화자에서 멀어지다]
~上来	shànglai 올라오다	~下去	xiàqu 내려가다
~过来	guòlai 건너오다	~进去	jìnqu 들어가다

 **동사의 특징**

1 부사의 수식을 받을 수 있습니다. 다만 정도부사의 경우 심리 상태를 나타내는 동사는 수식할 수 있고, 동작·행위를 나타내는 동사의 대부분은 수식할 수 없습니다.

他不说。 Tā bù shuō. 그는 말하지 않습니다.

我全知道。 Wǒ quán zhīdao. 나는 다 알고 있습니다.

我们很关心这件事。 Wǒmen hěn guānxīn zhè jiàn shì.
우리는 이 일에 아주 많은 관심을 가지고 있습니다.

大家非常感动。 Dàjiā fēicháng gǎndòng. 모두 매우 감동했습니다.

2 동태조사 了, 着, 过를 수반할 수 있습니다.

这本书，我看了。 Zhè běn shū, wǒ kànle. 나는 이 책을 읽었습니다.

这本书，我看过。 Zhè běn shū, wo kànguo. 나는 이 책을 읽은 적이 있습니다.

这本书，我正看着呢! Zhè běn shū, wǒ zhèng kànzhe ne! 나는 지금 이 책을 읽고 있습니다.

3 목적어를 수반할 수 있습니다.

他听音乐。 Tā tīng yīnyuè. 그는 음악을 듣습니다.

4 문장 속에서 주로 술어 역할을 합니다. 방향동사는 보어 역할도 합니다.

我时常画画儿。 Wǒ shícháng huà huàr. 저는 자주 그림을 그립니다.

他们一起听广播。 Tāmen yìqǐ tīng guǎngbō. 그들은 함께 방송을 듣습니다.

他跑进来了。 Tā pǎojìnlai le. 그는 뛰어 들어왔습니다.

我们登上了山顶。 Wǒmen dēngshàngle shāndǐng. 우리들은 산 정상에 올랐습니다.

5 정반의문문을 나타낼 수 있습니다.

你去不去苏州? Nǐ qù bu qù Sūzhōu? 당신은 쑤조우에 갑니까?

你们看不看中国电影? Nǐmen kàn bu kàn Zhōngguó diànyǐng?
당신들은 중국영화를 봅니까?

6 중첩형이 가능합니다. 짧게 시험 삼아 행하는 것을 의미합니다. (콕콕핵심 049 참고)

听听 tīngting ～을 (조금) 듣다　　　　　念念 niànnian ～을 (조금) 읽다

写写 xiěxie ～을 (조금) 쓰다　　　　　说说 shuōshuo ～에 대해 (조금) 말하다

收拾收拾 shōushishoushi ～을 (조금) 치우다　学习学习 xuéxíxuexi ～에 대해 (조금) 공부하다.

复习复习 fùxífuxi ～을 (조금) 복습하다

商量商量 shāngliangshangliang ～에 대해 (조금) 상담하다.

03장

有의 용법

동사 有는 소유를 나타낼 때와 존재를 나타낼 때로 구분됩니다.

我有手机。 나는 휴대폰을 가지고 있습니다.
Wǒ yǒu shǒujī.

北京有很多公园。 베이징에는 공원이 많습니다.
Běijīng yǒu hěn duō gōngyuán.

'~를 가지고 있다(소유)'일 때는 사람이 주어가 되고, '~에 ~이 있다(존재)'일 때는 장소가 주어입니다.

바－보!

听说上海有很多公司。上海这个人有钱。

 **015 소유동사 有 – 긍정문**

주어 + 有 + (한정어 +) 목적어

| 我 | 有 | | 手机。 | Wǒ yǒu shǒujī. 나는 휴대폰을 가지고 있습니다. |
| 他 | 有 | 两个 | 姐姐。 | Tā yǒu liǎng ge jiějie. 그는 두 명의 누나가 있습니다. |

 **016 소유동사 有 – 부정문**

有동사는 不가 아닌 没로 부정합니다. 有를 생략해서 没라고도 합니다.
다만, 정반의문문일 때는 생략할 수 없습니다.

주어 + 没(有) + (한정어 +) 목적어

| 我 | 没有 | 录像机。 | Wǒ méiyǒu lùxiàngjī. 저는 비디오가 없습니다. |
| 他 | 没有 | 哥哥。 | Tā méiyǒu gēge. 그에겐 형이 없습니다. |

주어 + 有　　　+ (한정어 +) 목적어 + 吗?

주어 + 有没有　+ (한정어 +) 목적어?

(보충) 你有汽车吗?　Nǐ yǒu qìchē ma? 당신은 자동차를 가지고 있습니까?
- 有。Yǒu. / 我有汽车。Wǒ yǒu qìchē.
  네. / 자동차를 가지고 있습니다.
- 没有。Méiyǒu. / 我没有汽车。Wǒ méiyǒu qìchē.
  아니오. / 자동차를 가지고 있지 않습니다.

你有没有手纸? Nǐ yǒu méiyǒu shǒuzhǐ? 휴지를 가지고 있습니까?
- 有。Yǒu. / 我有手纸。Wǒ yǒu shǒuzhǐ.
  네. / 휴지를 가지고 있습니다.
- 没有。Méiyǒu. / 我没有手纸。Wǒ méiyǒu shǒuzhǐ.
  아니오. / 휴지를 가지고 있지 않습니다.

 018 존재동사 有 – 긍정문 · 부정문

주어가 장소일 때 有는 사람이나 물건이 존재하고 있음을 나타냅니다.

[긍정문] 주어(장소) + 有　　+ 존재하는 사람 · 사물

[부정문] 주어(장소) + 没有 + 존재하는 사람 · 사물

(보충) 这儿有十个人。Zhèr yǒu shí ge rén. 여기에 사람이 10명 있습니다.
车站对面有一个银行。Chēzhàn duìmiàn yǒu yí ge yínháng. 역 맞은편에 은행이 있습니다.
房间里没有人。Fángjiānli méiyǒu rén. 방 안에는 사람이 없습니다.
这棵树上没有鸟儿。Zhè kē shùshang méiyǒu niǎor. 이 나무에는 새가 없습니다.
这儿没有烟灰缸。Zhèr méiyǒu yānhuīgāng. 여기에는 재떨이가 없습니다.

 **019 존재동사 有 – 의문문**

> 주어(장소) + 有　　+ 존재하는 사람·사물 + 吗?
>
> 주어(장소) + 有没有 + 존재하는 사람·사물?

보충 你房间里有电视吗? Nǐ fángjiānli yǒu diànshì ma? 네 방에는 텔레비전이 있니?
- 有。Yǒu. / 我房间里有电视。Wǒ fángjiānli yǒu diànshì. 응. / 내 방에는 텔레비전이 있어.
- 没有。Méiyǒu. / 我房间里没有电视。Wǒ fángjiānli méiyǒu diànshì.
  아니. / 내 방에는 텔레비전이 없어.

礼堂里有没有学生? Lǐtángli yǒu méiyǒu xuésheng? 강당에는 학생이 있습니까?
- 有。Yǒu. / 礼堂里有很多学生。Lǐtángli yǒu hěn duō xuésheng.
  네. / 강당에는 많은 학생이 있습니다.
- 没有。Méiyǒu. / 礼堂里没有学生。Lǐtángli méiyǒu xuésheng.
  아니오. / 강당에는 학생이 없습니다.

 **020 有 – 의문대사의문문**

> 你有什么地图? Nǐ yǒu shénme dìtú? 당신은 어떤 지도를 가지고 있습니까?
> - 我有中国地图。Wǒ yǒu Zhōngguó dìtú. 저는 중국지도를 가지고 있습니다.

보충 你家里有几口人? Nǐ jiāli yǒu jǐ kǒu rén? 집에 식구가 몇 명입니까?

家里有什么? Jiāli yǒu shénme? 집에는 무엇이 있습니까?
- 家里有一只狗。Jiāli yǒu yì zhī gǒu. 집에는 개 한 마리가 있습니다.

里边有什么? Lǐbian yǒu shénme? 안에 무엇이 있습니까?
- 里边有信用卡。Lǐbian yǒu xìnyòngkǎ. 안에는 신용카드가 있습니다.

 **여러 가지 부사**

1 정도부사

很	hěn 매우		最	zuì 가장	
极	jí 극히		更	gèng 한층 더	
太	tài 대단히		十分	shífēn 몹시	
非常	fēicháng 대단히		特别	tèbié 특별히	
格外	géwài 특히, 별도로		比较	bǐjiào 비교적	
稍微	shāowēi 조금, 약간, 다소				

2 시간부사

刚	gāng 지금, 막, 겨우		已经	yǐjīng 이미	
将	jiāng 곧 〈문어체〉		正在	zhèngzài 마침 ~하고 있는 중이다	
马上	mǎshàng 곧, 바로		从来	cónglái 여태껏	
总(是)	zǒng(shì) 늘, 언제나		老(是)	lǎo(shì) 항상, 계속	
好久	hǎojiǔ 오랫동안		随时	suíshí 수시로	
才	cái 방금		就	jiù 곧, 즉시	
突然	tūrán 갑자기				

3 범위부사

都	dōu 전부, 모두		全部	quánbù 전부	
共	gòng 함께		通通	tōngtōng 모두, 전부	
总共	zǒnggòng 전부, 합계		一起	yìqǐ 함께, 같이	
一块儿	yíkuàir 함께		只	zhǐ 다만	
仅仅	jǐnjǐn 단지, ~만		单	dān 오직, 오로지	
光	guāng 다만, ~만		至少	zhìshǎo 적어도	
差不多	chàbuduō 거의				

4 반복·빈도 부사

再	zài 다시		又	yòu 또	
也	yě ~도		还	hái 아직, 여전히	
不断	búduàn 끊임없이		常常	chángcháng 자주, 항상	
时常	shícháng 종종, 자주		往往	wǎngwǎng 흔히, 곧잘	

5 부정·금지 부사

不	bù 동사나 형용사 등의 앞에 쓰여 '아니오'라는 부정의 뜻
没	méi 동사 앞에 쓰여 이미 끝난 사건 또는 과거에 경험했던 사건을 부정

不要	búyào ~하면 안 된다		别	bié ~하지 마라
不必	búbì ~할 필요가 없다		未必	wèibì 반드시 ~한 것은 아니다
不用	búyòng ~할 필요가 없다, ~하면 안 된다			

6 어기부사

可	kě 정말, 확실히	倒	dào 오히려, 의외로
却	què 도리어	大概	dàgài 아마도, 대강
也许	yěxǔ 아마, 혹시	恐怕	kǒngpà 대체로, 아마
究竟	jiūjìng 결국, 도대체	偏偏	piānpiān 유독, 하필
反正	fǎnzhèng 어차피, 어쨌든	到底	dàodǐ 결국, 역시
简直	jiǎnzhí 정말로, 완전히	特意	tèyì 특별히, 일부러
一定	yídìng 꼭, 반드시		

7 상태부사

互相	hùxiāng 서로, 상호	赶快	gǎnkuài 빨리, 얼른
干脆	gāncuì 차라리, 시원스럽게	渐渐	jiànjiàn 점차
匆匆	cōngcōng 황급히	一直	yìzhí 곧바로, 계속해서

8 의문문에 사용되어 정도를 나타내는 부사

多	duō 얼마나, 어느 정도

9 기타

差点儿	chà diǎnr 자칫하면
进一步	jìn yíbù 더욱더
好容易	hǎo róngyì 간신히, 겨우

	有	是
같은 점	능원동사 뒤에 옵니다.① 단독으로 질문의 답이 됩니다.② 중첩할 수 없습니다.③ 뒤에 보어나 동태조사가 올 수 없습니다.	
다른 점	没로 부정합니다	不로 부정합니다.④ 부사의 수식을 받을 수 있습니다.

1 [有] 你能有这么高水平吗? Nǐ néng yǒu zhème gāo shuǐpíng ma?
당신이 이렇게 수준이 높았습니까?

这个孩子今年该有八岁了吧。 Zhège háizi jīnnián gāi yǒu bā suì le ba.
이 아이는 올해 여덟 살이 되었을 겁니다.

他信佛，可有善心了。 Tā xìn fó, kě yǒu shànxīn le.
그는 불교를 믿으니까, 착한 마음이 있습니다.

[是] 这儿可不是玩的地方。 Zhèr kě bú shì wán de dìfang. 여기는 노는 곳이 아닙니다.

这个报告应该是他写的。 Zhège bàogào yīnggāi shì tā xiě de.
이 보고서는 그가 쓴 것이 틀림없습니다.

他能是这种吃苦的人? Tā néng shì zhè zhǒng chī kǔ de rén?
그가 이런 고생을 견뎌낼 수 있는 사람입니까? 〈반어문〉

2 [有] 屋子里有人吗? Wūzili yǒu rén ma? 방 안에 사람이 있습니까?

➡ 有。 Yǒu. 있습니다.

[有] 那是中文词典吗? Nà shì Zhōngwén cídiǎn ma? 그것은 중국어 사전입니까?

➡ 是。 Shì. 그렇습니다

3 때로는 대화 중에서 "有, 有!", "是, 是。"라고도 하지만 그것은 일종의 수식 관계일 뿐 중첩형이 아닙니다.

4 我们都是医生。 Wǒmen dōu shì yīshēng. 우리는 모두 의사입니다.

转眼之间已是年末了。 Zhuǎnyǎnzhījiān yǐ shì niánmò le.
눈 깜짝할 사이에 이미 연말이 되었습니다.

这不是她的。 Zhè bú shì tā de. 이것은 그녀의 것이 아닙니다.

MEMO

1 중국어로 작문해보세요.

① 이것은 손목시계입니다. →

② 그것은 당신의 가방입니까? →

③ 나는 한국인입니다. →

④ 당신은 커피를 마십니까? →

⑤ 马선생님은 우리에게 중국어를 가르칩니다.
→

⑥ 어느 것이 당신 것입니까? →

⑦ 당신은 중국어 사전을 삽니까? →

⑧ 나는 휴대폰을 가지고 있습니다. →

⑨ 나는 휴지를 가지고 있지 않습니다. →

⑩ 베이징에는 많은 공원이 있습니다. →

2 뜻이 통하도록 단어를 배열하여 문장을 완성하세요.

① 你们　吃　中国菜　不　吃 →

② 老师　了　我们　戏票　给 →

③ 的　什么　是　兴趣　你 →

④ 你　这　吗　照相机　是　的 →

⑤ 在　游泳池　小朋友　着　游　泳　呢 →

⑥ 上个月　了　请　三天　我　假 →

⑦ 个　车站　对面　一　银行　有 →

⑧ 不　电视　看　他 →

⑨ 事　这　不　我　他　告诉　件 →

⑩ 吗　你　房间里　电视　有 →

3 한국어로 해석해보세요.

① Wǒmen xuéxí Zhōngwén. →

② Nǐmen qù bàngqiúchǎng ma? →

③ Tā yǒu liǎng ge jiějie. →

④ Nǐ shì nǎguó rén? →

⑤ Zhè kē shùshang méiyǒu niǎor. →

4 ( ) 안에 해당하는 의문사를 골라 쓰세요.

① 这个字( )念?

② 你在( )工作?

③ 你买( )?

④ 你( )不吃早饭呢?

⑤ 他是( )?

⑥ 他们( )出发?

⑦ 你家有( )口人?

⑧ 他们的口语水平( )?

⑨ 你要( )苹果?

⑩ 你们公司有( )职员?

多少	怎么样	哪儿	谁	几
怎么	为什么	哪种	什么	什么时候

명사술어문은 주어 다음에 직접 명사(구)·양수사가 와서 술어가 되는 문장입니다.

明天星期一。 내일은 월요일입니다.

Míngtiān xīngqīyī.

'~입니다'에 해당하는 동사 是가 생략된 형태로 봅니다.

 명사술어문 – 긍정문

명사술어문은 주어 다음에 직접 명사(구)나 양수사가 와서 술어가 되는 문장입니다.
'~입니다'에 해당하는 동사의 是가 생략된 형태로 봅니다.

 老师北京人。 Lǎoshī Běijīngrén. 선생님은 베이징 출신입니다.

明天晴天。 Míngtiān qíngtiān. 내일은 맑습니다.

今天三月三号。 Jīntiān sān yuè sān hào. 오늘은 3월 3일입니다.

明天星期一。 Míngtiān xīngqīyī. 내일은 월요일입니다.

现在几点? Xiànzài jǐ diǎn? 지금 몇 시입니까?

今天几号? Jīntiān jǐ hào? 오늘은 며칠입니까?

昨天星期几? Zuótiān xīngqī jǐ? 어제는 무슨 요일이었습니까?

你几岁? Nǐ jǐ suì? 몇 살입니까?

您多大年纪? Nín duōdà niánjì? 연세가 어떻게 되세요?(연장자나 윗사람에게 묻는 표현)

你的生日几月几号? Nǐ de shēngrì jǐ yuè jǐ hào? 당신의 생일은 몇 월 며칠입니까?

 명사술어문 – 부정문

부정문을 만들 때는 不是라고 하며 是를 꼭 씁니다.

老师不是北京人。 Lǎoshī bú shì Běijīngrén. 선생님은 베이징 출신이 아닙니다.

明天不是晴天。 Míngtiān bú shì qíngtiān. 내일은 맑은 날씨가 아닙니다.

今天不是星期三。 Jīntiān bú shì xīngqīsān. 오늘은 수요일이 아닙니다.

수량에 대해 질문할 때는 几나 多少를 씁니다. 질문에 대한 답이 10 이하의 수라고 예상하면 几를 사용하고, 10 이상 또는 얼마 정도인지 예상할 수 없을 때는 多少를 사용합니다.

보충 这是几个? Zhè shì jǐ ge? 이것은 몇 개입니까?

➡ 这是三个。 Zhè shì sān ge. 이것은 3개입니다.

那是多少? Nà shì duōshao? 그것은 몇입니까?

➡ 那是三十。 Nà shì sānshí. 그것은 30개입니다.

他有多少(本)中文杂志? Tā yǒu duōshao (běn) Zhōngwén zázhì?
그는 중국어 잡지를 얼마나 가지고 있습니까?

你有几本中文杂志? Nǐ yǒu jǐ běn Zhōngwén zázhì?
당신은 중국어 잡지를 몇 권 가지고 있습니까?

你们公司有多少(个)职员? Nǐmen gōngsī yǒu duōshao (ge) zhíyuán?
당신들의 회사에는 사원이 얼마나 있습니까?

你们部门有几个人? Nǐmen bùmén yǒu jǐ ge rén? 당신들 부서는 몇 명입니까?

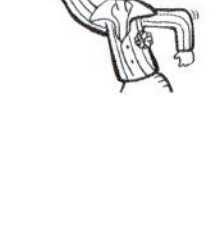

零	一	二	三	四	五	六	七	八	九	十
líng	yī	èr	sān	sì	wǔ	liù	qī	bā	jiǔ	shí

十一	十二	十三	…	二十	二十一	二十二	三十	四十	五十	…	九十九
shíyī	shí'èr	shísān		èrshí	èrshíyī	èrshi'èr	sānshí	sìshí	wǔshí		jiǔshijiǔ

一百	一千(1,000)	两千(2,000)	一万(10,000)	两万 / 二万(2만)	三十万(30만)
yì bǎi	yì qiān	Liǎng qiān	yí wàn	Liǎng wàn / èr wàn	sānshí wàn

四百万(400만)	五千万(5천만)	六亿 / 六万万(6억)
sìbǎi wàn	wǔqiān wàn	Liù yì / liù wànwàn

一百一(十)(110)	七千五(百)(7,500)	四万五(千)(45,000)
Yibǎi yì(shí)	qīqiān wǔ(bǎi)	sìwàn wǔ(qiān)

一百零一(101)	一千零一(1,001)
yìbǎi líng yī	Yìqiān líng yī

보충 * 0에서 99까지 세는 방법은 한국어와 같습니다.

* 百, 千, 万, 亿의 단위 앞에는 반드시 一를 첨가합니다.

　100 : 一百　｜　10,000 : 一万　｜　1,000 : 一千　｜　1억 : 一亿

　十의 경우 두 자리 이상의 수 가운데 쓰일 때 一十라고 하고, 보통 때는 그냥 十만 씁니다.
　110은 一百一十라고 하거나, 줄여서 一百一라고도 합니다.

* 二은 千, 万의 단위 앞에서는 대부분 两으로 사용합니다.(二로 써도 틀리진 않습니다)

* 十가 二十一처럼 중간에 쓰이는 경우는 2성으로 발음하지 않고 경성으로 발음합니다.

* 두 자리 이상의 수 안에 있는 0은 꼭 읽어줍니다. 중간에 0이 연이어 몇 개가 있어도 零은
　한 번만 사용합니다.

　106 : 一百零六　｜　1006 : 一千零六

* 방의 호수, 전화번호 등은 자릿수를 표시하지 않고 그대로 읽습니다.
　1005 : yāo líng líng wǔ
　03-3291-3986 : língsān-sān èr jiǔ yāo(yi)-sān jiǔ bā liù

* −는 负(fù) , +는 正(zhèng)이라고 합니다.
　−3 : 负三　｜　+5 : 正五

① **가격의 표현방법** – 구어체와 문어체가 다릅니다.
- 구어체 : 块 kuài, 毛 mǎo, 分 fēn
- 문어체 : 元 yuán, 角 jiǎo, 分 fēn

② **다양한 숫자 말하기**
- 서수 : 第一, 第二, 第三 … diyī, dì'èr, dìsān… 첫번째, 두 번째, 세 번째…
- 소수 : 八十五点二五 bāshíwǔ diǎn èr wǔ 85.25
- 분수 : 三分之一 sān fēn zhī yī 3분의 1
- 백분율 : 百分之八十 bǎi fēn zhī bāshí 80%

③ **도량형**

五十公斤 wǔshí gōngjīn 50kg	一斤 yì jīn 한 근 = 0.5kg = 500g
一克 yí kè 1g	一毫克 yì háokè 1mg
一打 yì dá 1다스	一公里 yì gōnglǐ 1km
一米 / 一公尺 yì mǐ / yì gōngchǐ 1m	一厘米 / 一公分 yì límǐ / yì gōngfēn 1cm
一毫米 yì háomǐ 1mm	一公顷 yì gōngqǐng 1ha
一公亩 yì gōngmǔ 1α	一平方公里 yì píngfāng gōnglǐ 1km²
一平方米 yì píngfāng mǐ 1m²	一平方厘米 yì píngfāng límǐ 1cm²
一立方米 yí lìfāng mǐ 1m³	一公升 yì gōngshēng 1ℓ
一毫升 yì háoshēng 1mℓ	

보충 * 돈을 읽을 때 分은 거의 생략합니다.
分의 자리 이외의 2는 两을 사용하는 것이 일반적입니다.
四块三毛二(分) Sì kuài sān máo èr (fēn) [四元三角二分](4.32위엔)
两块四毛二 liǎng kuài sì máo èr [两元四角二分](2.42위엔)
九十五块零三 jiǔshiwǔ kuài líng sān [九十五元零三分](95.03위엔)
一百块零七 yìbǎi kuài líng qī [一百元零七分](100.07위엔)

연호는 자릿수를 붙이지 않고 그대로 읽습니다.
星期(요일) 대신 礼拜 lǐbài를 사용할 때도 있습니다.

[연] 二〇〇七年　èr líng líng qī nián

[월]

一月	二月	三月	四月	五月	六月
yī yuè	èr yuè	sān yuè	sì yuè	wǔ yuè	liù yuè
七月	八月	九月	十月	十一月	十二月
qī yuè	bā yuè	jiǔ yuè	shí yuè	shíyī yuè	shí'èr yuè

[일]

一号	二号	三号	四号	五号	六号	七号
yī hào	èr hao	sūn hào	sì hào	wǔ hào	liù hào	qī hào
八号	九号	十号	十一号	十二号	…	三十一号
bā hào	jiǔ hào	shí hào	shíyī hào	shí' èr hào	…	sānshiyī hào

[요일]

星期一	星期二	星期三	星期四
xīngqīyī	xīngqī' èr	xīngqīsān	xīngqīsì
星期五	星期六	星期日 / 星期天	
xīngqīwǔ	xīngqīliù	xīngqīrì / xīngqītiān	

보충 * 연도를 물을 때 几, 多少, 哪一年을 사용합니다.

一九九几年? Yī jiǔ jiǔ jǐ nián? 1990 몇 년?　　　多少年? Duōshao nián? 몇 년?

哪一年? Nǎ yì nián? 어느 해?

* 월, 일, 요일을 물을 때는 几를 사용합니다.

几月? jǐ yuè? 몇 월?　　　几号? jǐ hào? 며칠?　　　星期几? xīngqī jǐ? 무슨 요일?

一个月 yí ge yuè 1개월　　两个月 liǎng ge yuè 2개월　　四个月 sì ge yuè 4개월

一个星期 yí ge xīngqī 1주간　　两个星期 liǎng ge xīngqī 2주간　　三个星期 sān ge xīngqī 3주간

一天 yì tiān 1일　　两天 liǎng tiān 2일간　　三天 sān tiān 3일간

* 两年, 两天, 两个月, 两个星期의 경우 二은 사용 못합니다.

027 시간의 단위

시 - 点(钟) | 분 - 分 | 초 - 秒

一点 1시　　　　　两点 2시　　　　　三点 3시　　　　　四点 4시
yī diǎn　　　　　liǎng diǎn　　　　sān diǎn　　　　sì diǎn

七点二十分 7시 20분　　　　　　　　六点三十分 / 六点半 6시 30분
qī diǎn èrshí fēn　　　　　　　　　liù diǎn sānshí fēn / liù diǎn bàn

三点十五分 / 三点一刻 3시 15분　　　九点四十五分 / 九点三刻 9시 45분
sān diǎn shíwǔ fēn / sān diǎn yí kè　jiǔ diǎn sìshíwǔ fēn / jiǔ diǎn sān kè

十一点五十五分 / 差五分十二点 11시 55분 / 12시 5분 전
shíyī diǎn wǔshiwǔ fēn / chà wǔ fēn shí' èr diǎn

028 시간을 말하는 방법

大前天 그끄저께　　　前天 그저께　　　昨天 어제　　　今天 오늘
dàqiántiān　　　　　qiántiān　　　　zuótiān　　　　jīntiān

明天 내일　　　　　后天 모레　　　　大后天 글피
míngtiān　　　　　hòutiān　　　　dàhòutiān

上(个)星期 지난주　　　本星期 / 这个星期 이번주　　　下(个)星期 다음주
shàng (ge) xīngqī　　　běn xīngqī / zhè ge xīngqī　　xià (ge) xīngqī

上(个)月 지난달　　　本月 / 这个月 이달　　　下(个)月 다음달
shàng(ge) yuè　　　běn yuè / zhè ge yuè　　xià (ge) yuè

前年 재작년　　　去年 작년　　　今年 올해
qiánnián　　　　qùnián　　　　jīnnián

明年 내년　　　后年 내후년
míngnián　　　hòunián

早上 아침　　　晚上 밤　　　白天 낮　　　夜里 밤중
zǎoshang　　　wǎnshang　　báitiān　　　yèli

上午 오전　　　中午 정오　　　下午 오후　　　傍晚 저녁 무렵
shàngwǔ　　　zhōngwǔ　　　xiàwǔ　　　bàngwǎn

春天 봄　　　夏天 여름　　　秋天 가을　　　冬天 겨울
chūntiān　　　xiàtiān　　　qiūtiān　　　dōngtiān

우리말에서도 명사를 '나무 한 그루, 공책 한 권'으로 세고, 동사의 동작 횟수를 '한 차례, 세 번'으로 말하듯이, 중국어에도 이런 말들이 있는데, 이것을 양사라고 합니다.

명사에 이어지는 양사 = 명량사(名量词) : 수사 + 양사 + 명사
→ 개체양사 | 집합양사

동사에 이어지는 양사 = 동량사(动量词) : 동사 + 수사 + 양사
→ 기본동량사 | 명사차용동량사

보충 ■ **개체양사**

把 bǎ : 쥐는 부분이 있는 물건
小刀 xiǎodāo 나이프　　　雨伞 yǔsǎn 우산　　　椅子 yǐzi 의자

本 běn : 1권, 2권이라고 세는 것
书 shū 책　　　杂志 zázhì 잡지　　　课本 kèběn 교과서

场 cháng : 일정시간 지속되는 것
梦 mèng 꿈　　　雨 yǔ 비

封 fēng : 봉하는 것
信 xìn 편지

个 ge : 1개, 2개라고 세는 것. 사람한테도 사용한다
人 rén 사람　　　梨子 lízi 배　　　问题 wèntí 문제

家 jiā : 집, 상점·공장, 기업
银行 yínháng 은행　　　百货商店 bǎihuò shāngdiàn 백화점

架 jià : 기계 등 조립식으로 되어 있는 것
飞机 fēijī 비행기　　　录音机 lùyīnjī 녹음기　　　照相机 zhàoxiàngjī 사진기

件 jiàn : 사항, 옷, 총칭을 나타내는 명사
事 shì 사항　　　衣服 yīfu 옷　　　东西 dōngxi 물건

节 jié : 몇 개의 단락으로 나눌 수 있는 것
第一节课 dì yī jié kè 첫째 시간　　　两节车厢 liǎng jié chēxiāng 두 칸의 객차

棵 kē : 나무나 그루(포기)
树 shù 나무　　　草 cǎo 풀

口 kǒu : 사람 수, 돼지 등의 가축
几口人 jǐ kǒu rén 몇 명　　　一口猪 yì kǒu zhū 돼지 1마리

块 kuài : 덩어리 상태의 것
石头 shítou 돌　　　　　　肥皂 féizào 비누

辆 liàng : 자동차, 타는 것
汽车 qìchē 자동차　　　　自行车 zìxíngchē 자전거

篇 piān : 논문이나 문장
论文 lùnwén 논문　　　　文章 wénzhāng 문장

片 piàn : 조각으로 나눌 수 있는 것
一片面包 yí piàn miànbāo 빵 한 조각　　　一片肉 yí piàn ròu 고기 한 조각

条 tiáo : 가늘고 긴 것
河 hé 강　　裤子 kùzi 바지　　鱼 yú 생선　　黄瓜 huángguā 오이

听 tīng : 깡통에 들어 있는 것
可乐 kělè 캔콜라　　　　啤酒 píjiǔ 캔맥주

位 wèi : 사람을 존칭하여 말할 때
一位客人 yí wèi kèrén 손님 한 분

张 zhāng : 표면이 평평한 것, 1장, 2장이라고 셀 수 있는 것
纸 zhǐ 종이　　票 piào 표　　床 chuáng 침대　　照片 zhàopiàn 사진
桌子 zhuōzi 탁자, 책상

只 zhī : 동물이나 배 등 2개가 한 쌍이 되는 것의 한쪽
狗 gǒu 개　　　　　　船 chuán 배　　　　　　一只眼睛 yì zhī yǎnjing 한쪽 눈

枝 zhī : 가는 막대기 종류
铅笔 qiānbǐ 연필　　　　烟 yān 담배　　　　枪 qiāng 총

种 zhǒng : ① 생물의 종류
动物 dòngwù 동물　　蔬菜 shūcài 야채
② 추상적인 사물, 같은 종류의 사물을 구별하는 뉘앙스
情况 qíngkuàng 상황　看法 kànfǎ 견해

座 zuò : 무게가 있고 듬직한 모양을 가지고 있는 것
山 shān 산　　　　　　大楼 dàlóu 빌딩

班 bān : 집합체에 소속된 사람들, 그룹
一班学生 yì bān xuésheng 한 반의 학생
这班年轻人 zhè bān niánqīng rén 이 그룹의 젊은이들

打 dá : 다스
一打铅笔 yì dá qiānbǐ 1다스의 연필

对 duì : 2개로 한 세트가 되는 것
夫妇 fūfù 부부　　　　酒杯 jiǔbēi 술잔

副 fù : 세트나 쌍으로 되어 있는 것
眼镜 yǎnjìng 안경　　　耳环 ěrhuán 귀고리　　　扑克牌 pūkèpái 트럼프

伙 / 帮 huǒ / bāng : 그룹을 세는 단위

    两伙 liǎng huǒ 두 무리   一帮 yì bāng 한 무리

双 shuāng : 둘이 한 벌을 이루고 있는 것

    一双鞋 yì shuāng xié 한 켤레의 신   一双眼睛 yì shuāng yǎnjing 눈

    两双袜子 liǎng shuāng wàzi 두 켤레의 양말

套 tào   : 세트, 그룹, 한 벌이 되는 것

    西装 xīzhuāng 정장   沙发 shāfā 소파

■ 기본적인 동량사

遍 biàn : 동작의 처음부터 끝까지의 전 과정을 가리킬 때

    念一遍 niàn yí biàn 한 차례 쭉 읽다   说一遍 shuō yí biàn 한 차례 말하다

场 cháng : 비교적 긴 경과를 하나의 매듭으로 할 때

    哭一场 kū yì cháng 한 차례 울다   闹一场 nào yì cháng 한바탕 떠들다

次 cì   : ~회, ~번

    读一次 dú yícì 한 번 읽다

顿 dùn : '먹다' '야단치다' '구타하다' 등의 동사와 함께 쓰임

    吃一顿 chī yí dùn 한 번 먹다   骂一顿 mà yí dùn 한 번 야단치다

回 huí   : ~회, ~번

    去了一回 qùle yì huí 한 번 가다

趟 tàng : 왕복하는 동작을 셀 때

    走了一趟 zǒule yí tàng 한 번 갔다 왔다

阵 zhèn : 단시간의 횟수

    下了一阵雨 xiàle yí zhèn yǔ 한바탕 비가 왔다

下 xià   : 단시간의 동작이나 가벼운 동작을 셀 때

    想一下 xiǎng yí xià 잠시 생각하다   请等一下 qǐng děng yí xià 잠시 기다리세요

番 fān   : 시간을 들여 꼼꼼하게 하는 동작을 셀 때

    研究一番 yánjiū yì fān 시간을 들여 꼼꼼히 연구하다

■ 명사에서 임시로 차용한 동량사

喝一口。 hē yì kǒu. 한입 마시다.

打一拳。 dǎ yì quán. 주먹으로 한 방 때리다.

踢一脚。 tī yì jiǎo. 발로 한 방 차다.

看一眼。 kàn yì yǎn. 한 번 보다.

放一枪。 fàng yì qiāng 한 발 쏘다.

 **명량사를 쓰는 법**

1 지시대사 + 수사 + 명량사

这五本杂志 zhè wǔ běn zázhì 이 5권의 잡지
那三支钢笔 nà sān zhī gāngbǐ 저 3자루의 펜

2 대화 안에서 무엇을 말하는지 명확할 때는 양사 뒤의 명사를 생략할 수 있습니다.

这本是我的，那本是她的。 Zhè běn shì wǒ de, nà běn shì tā de.
이것은 제 것이고 저것은 그녀의 것입니다.

3 명사 중에는 그 자체가 양사의 성질을 갖고 있어, 수사나 지시대사와 함께 쓰여도 양사
를 필요로 하지 않는 것이 있습니다.

一年 yì nián 일 년　　　　　这课 zhè kè 이번 단원

 **명량사의 특징**

1 단독으로 쓰이지 않습니다. 수사 또는 지시대사 뒤에 붙어서 명사를 수식합니다.

一张桌子 yì zhāng zhuōzi 한 개의 식탁
两把椅子 liǎng bǎ yǐzi 두 개의 의자
这种情况 zhè zhǒng qíngkuàng 이런 상황

2 수사, 지시대사와 조합해 주어가 될 수 있습니다.

这场雨下得可大啦! Zhè cháng yǔ xiàde kě dà la!
이번 비는 정말 심하게 내리는군요.
那家商店真不小。 Nà jiā shāngdiàn zhēn bù xiǎo. 저 가게는 정말 적지 않다.

3 단음절의 명량사는 중첩할 수 있습니다.

朵朵葵花向太阳。 Duǒduǒ kuíhuā xiàng tàiyáng.
하나하나의 해바라기가 태양을 향하고 있습니다.
句句话儿记心上。 Jùjù huàr jì xīnshang. 한마디 한마디를 마음에 새깁니다.

1 양사와 연결해서 명사를 수식할 수 있습니다. 다만 성어, 속담 또는 문어체 문장에서는 직접 수식할 수 있습니다.

桌上放着一本书，两本杂志。 Zhuōshang fàngzhe yì běn shū, liǎng běn zázhì.
식탁 위에 한 권의 책과 두 권의 잡지가 놓여 있습니다.

大家七手八脚地把东西拿了进来。 Dàjiā qī shǒu bā jiǎo de bǎ dōngxi nále jìnlai.
모든 사람들이 몹시 바쁘게 물건을 가지고 들어왔습니다.

一人不抵二人计，三人商量个好主意。 Yī rén bù dǐ èr rén jì, sān rén shāngliang ge hǎo zhǔyi.
한 사람은 두 사람의 생각에 이르지 못하고, 셋이 모이면 좋은 지혜가 생긴다.

2 중첩할 수 없습니다. 그러나 관용적으로 쓰이는 말 중에는 중첩 표현이 있습니다.

（×） 二二，三三，五五，一二一二，三四三四

三三两两 sānsānliǎngliǎng 2, 3명씩

七七八八 qīqībābā 마구 뒤섞여 있는 모양

千千万万 qiānqiānwànwàn 수많은 모양

一一 yīyī 하나하나

万万 wànwàn 수많은 모양

3 수사 단독으로도 주어, 목적어가 될 수 있습니다.

十是五的两倍。 Shí shì wǔ de liǎng bèi. 10는 5의 2배입니다.

零也是一个数。 Líng yě shì yí ge shù. 0도 하나의 숫자입니다.

二的三倍是六。 Èr de sān bèi shì liù. 2의 3배는 6입니다.

형용사술어문은, 형용사가 술부의 중요한 요소가 되어 상태·성질에 대해서 묘사하는 문장입니다.

工作忙吗? 일이 바쁩니까?
Gōngzuò máng ma?

형용사술어문 평서문에는 습관적으로 很이 따라붙지만, 의문문이나 부정문에는 붙지 않습니다.

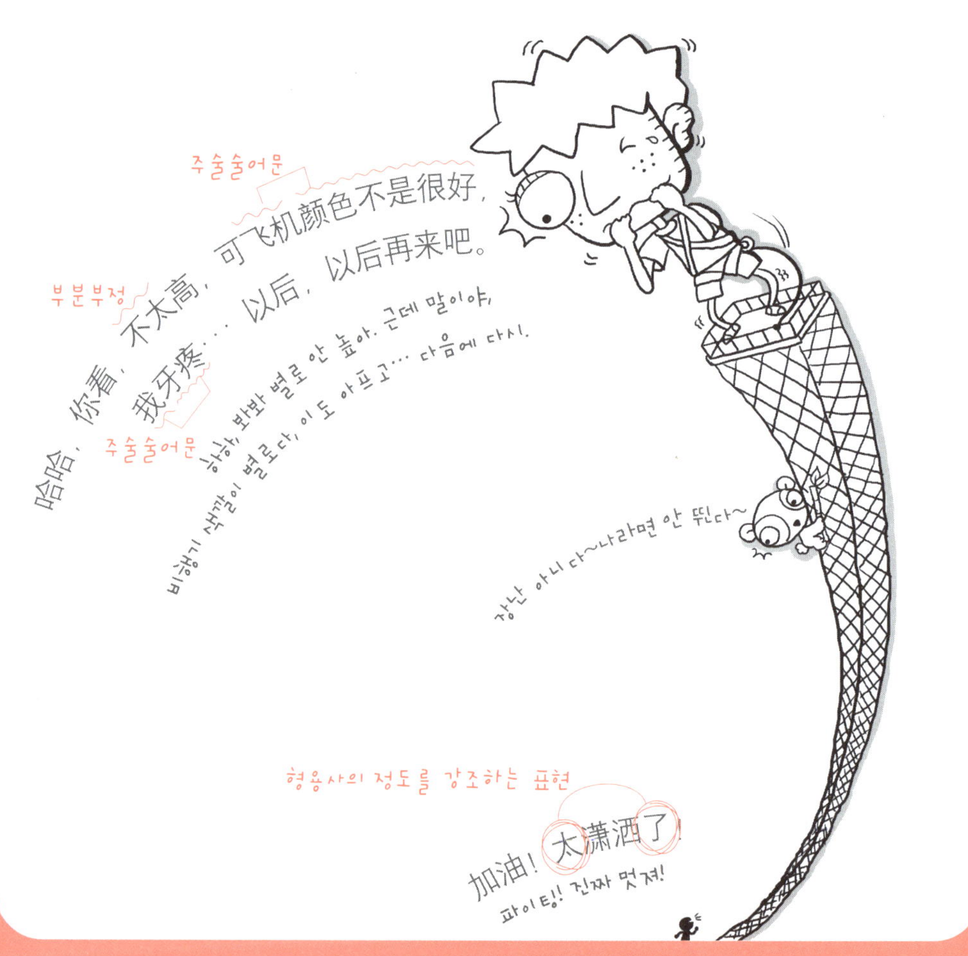

 **030 형용사술어문 – 긍정문**

주어 + 술어[형용사]

这个	大。	Zhège dà.	이것은 크다.
苹果	贵。	Píngguǒ guì.	사과는 비싸다.

 **031 형용사술어문 속의 很**

① 형용사술어문의 정도부사 很은 습관적으로 따라붙은 것일 뿐 별 의미가 없습니다. '매우'라는 본래의 뜻을 살리고 싶으면 읽을 때 강세를 주어 구분합니다.

职员很多。 Zhíyuán hěn duō. 직원이 많다. (의미상으로는 职员多와 다르지 않다)

② 很을 쓰지 않는 형용사술어문은 비교·대조의 의미가 있습니다.
한 문장만 있더라도 대조되는 문장이 있는 것으로 생각하면 됩니다.

学生多，老师少。 Xuésheng duō, lǎoshī shǎo. 학생은 많고 선생님은 적다.

姐姐高，妹妹矮。 Jiějie gāo, mèimei ǎi. 누나는 키가 크고 여동생은 작다.

보충 * 부정문과 의문문에는 습관적인 很이 불필요하므로, 很이 쓰였다면 강하게 읽어서 뜻을 살려줍니다.
这个苹果很甜吗？ Zhège píngguǒ hěn tián ma? 이 사과는 매우 답니까?

* 很 이외의 정도부사들(非常, 真, 太, 有点儿)은 본래의 뜻을 나타냅니다.
这件毛衣非常漂亮。 Zhè jiàn máoyī fēicháng piàoliang. 이 스웨터는 아주 예쁩니다.
小狗真可爱啊。 Xiǎogǒu zhēn kě'ài a. 강아지가 정말로 귀엽군요.
这间屋子太干净了。 Zhè jiān wūzi tài gānjìng le. 이 방은 아주 깨끗합니다.
这个东西有点贵。 Zhège dōngxi yǒudiǎnr guì. 이 물건은 조금 비쌉니다.
今天冷了点儿。 Jīntiān lěng le diǎnr. 오늘은 조금 춥습니다.

* 有点儿은 형용사 앞에 써서 부정적인 뉘앙스를 더합니다.
一点儿은 형용사 뒤에 쓰이는데, 一는 자주 생략됩니다.

주어   +   不 + 술어[형용사]

我的房间   不   大。   Wǒ de fángjiān bú dà. 제 방은 크지 않습니다.

 033 형용사술어문 – 의문문

① 주어 + 술어(형용사) + 吗?

你好吗? Nǐ hǎo ma? 잘 지내고 있습니까?

➡ 很好，你呢? Hěn hǎo, nǐ ne? 네, 잘 지내고 있습니다. 당신은요?

② 주어 + 형 + 不 + 형?

水果贵不贵? Shuǐguǒ guì bu guì? 과일이 비쌉니까?

➡ 贵 / 不贵。Guì. / Bú guì. 비쌉니다. / 비싸지 않습니다.

③ 주어 + 怎么样? (성질, 방법, 상태를 구체적으로 질문)

身体怎么样? Shēntǐ zěnmeyàng? 컨디션은 어때요?

➡ 很好。Hěn hǎo. / 马马虎虎。Mǎmǎhūhū. / 不太好。Bú tài hǎo.
좋습니다. / 그저 그렇습니다. / 그다지 좋지 않습니다.

보충 工作忙吗? Gōngzuò máng ma? 일이 바쁩니까?

➡ 忙 Máng. / 很忙 Hěn Máng. / 不忙。Bù máng.
바쁩니다. / 무척 바쁘네요. / 바쁘지 않습니다.

这本书好不好? Zhè běn shū hǎo bu hǎo? 이 책은 좋습니까?

➡ 好 Hǎo. / 不好。Bù hǎo. 좋습니다. / 좋지 않습니다.

* 也, 都, 很 등의 범위부사, 정도부사가 있는 문장은 정반의문문을 만들 수 없으므로, 반드시 吗의문문
으로 씁니다.

这本书也好吗? Zhè běn shū yě hǎo ma? 이 책도 좋습니까?

（×）这本书也好不好?

水果都贵吗? Shuǐguǒ dōu guì ma? 과일이 모두 비쌉니까?

（×）水果都贵不贵?

정도부사 很, 太 앞에 부정부사 不를 붙이면 '그다지 ~하지 않다', '별로 ~하지 않다'는 뜻의 부분부정의 문장이 됩니다.

[완전부정]

这本词典很不好。 Zhè běn cídiǎn hěn bù hǎo. 이 사전은 실로 좋지 않습니다.

[부분부정]

这本词典不很好。 Zhè běn cídiǎn bù hěn hǎo. 이 사전은 그다지 좋지 않습니다.
* 不很 = 不太 = 不大

보충 他们都不是学生。 Tāmen dōu bú shì xuésheng. 그들은 모두 학생이 아닙니다.
他们不都是学生。 Tāmen bù dōu shì xuésheng. 그들이 모두 학생인 것은 아닙니다.

콕콕 핵심  035 · 주술술어문 – 긍정문

주술술어문은 '기린은 목이 길어.' '오늘, 날씨 좋네!'처럼 구어체에서 흔히 볼 수 있는 문형입니다. 술어 부분이 '주어 + 술어'로 이루어져 있습니다.

(대)주어 + 술어(小주어 + 小술어)
长颈鹿　　　　脖子　　长。　　　　Chángjǐnglù bózi cháng. 기린은 목이 길다.

보충 今天天气很好。 Jīntiān tiānqì hěn hǎo. 오늘은 날씨가 좋다
我头疼。 Wǒ tóu téng. 저는 머리가 아픕니다.

 **036 주술술어문 – 부정문**

(大)주어 + 술어[(小)주어 + 不 + 형용사]

보충 我哥哥个子不高。 Wǒ gēge gèzi bù gāo. 제 형은 키가 크지 않습니다.
我工作不太忙。 Wǒ gōngzuò bú tài máng. 저는 일이 그다지 바쁘지 않습니다.

 **037 주술술어문 – 의문문**

吗의문문, 반복의문문, 怎么样 의문문 중 자유롭게 사용합니다.

잘 지내고 있습니까? 你身体好吗? Nǐ shēntǐ hǎo ma?
你身体好不好? Nǐ shēntǐ hǎo bu hǎo?
你身体怎么样? Nǐ shēntǐ zěnmeyàng?

1 형상·모양을 나타내는 것

大 dà	↔ 小 xiǎo	高 gāo	↔ 低 dī / 矮 ǎi
크다	작다	높다 / 키가 크다	낮다 / 키가 작다
胖 pàng	↔ 瘦 shòu	长 cháng	↔ 短 duǎn
뚱뚱하다	마르다	길다	짧다
粗 cū	↔ 细 xì	厚 hòu	↔ 薄 báo
굵다, 거칠다	가늘다, 미세하다	두껍다	얇다
新 xīn	↔ 旧 jiù	圆(形) yuán(xíng)	↔ 方(形) fāng(xíng)
새롭다	낡다	둥글다	네모나다
密 mì	↔ 疏 shū	宽 kuān	↔ 窄 zhǎi
빽빽하다	드문드문하다	(폭이) 넓다	(폭이) 좁다
广大 guǎngdà	↔ 狭窄 xiázhǎi	宽敞 kuānchang	↔ 窄小 zhǎixiǎo
(넓적이) 넓나	(면적이) 좁다	(공간이) 넓다	(공긴, 마음이) 좁다

2 성질 또는 심정·감정을 나타내는 것

重 zhòng	↔ 轻 qīng	硬 yìng	↔ 软 ruǎn
무겁다	가볍다	단단하다	부드럽다
尖锐 jiānruì	↔ 迟钝 chídùn	好 hǎo	↔ 坏 huài
날카롭다	둔하다	좋다, 훌륭하다	나쁘다
热情 rèqíng	↔ 冷淡 lěngdàn	难 nán	↔ 容易 róngyì
친절하다	냉담하다	어렵다	쉽다
甜 tián	↔ 咸 xián	辣 là	– 苦 kǔ
달다	짜다	맵다	쓰다
酸 suān	– 香 xiāng	急性子 jíxìngzi	↔ 慢性子 mànxìngzi
시다	향기롭다	성급하다	느긋하다
任性 rènxìng	– 倔强 juéjiàng	踏实 tāshi	– 诚实 chéngshí
마음 내키는 대로 하다	고집이 세다	착실하다	성실하다
和气 héqì			
상냥하다			

3 상태를 나타내는 것

热 rè	↔ 冷 lěng	暖和 nuǎnhuo	↔ 凉快 liángkuài
뜨겁다, 덥다	차다, 춥다	따뜻하다	시원하다
远 yuǎn	↔ 近 jìn	深 shēn	↔ 浅 qiǎn
멀다	가깝다	깊다	얕다
多 duō	↔ 少 shǎo	快 kuài	↔ 慢 màn
많다	적다	(속도가) 빠르다	(속도가) 느리다

早 zǎo ↔ 晚 wǎn
(시간적으로) 이르다　(시간적으로) 늦다

明亮 míngliàng ↔ 昏暗 hūn'àn
(광선이) 밝다　(광선이) 어둡다

热闹 rènao ↔ 清静 qīngjìng
(장소가) 떠들썩하다　(장소가) 고요하다

明确 míngquè ↔ 含糊 hánhu
명확하다　애매하다

复杂 fùzá ↔ 简单 jiǎndān
복잡하다　간단하다

幸福 xìngfú ↔ 不幸 búxìng
행복하다　불행하다

好看 hǎokàn ↔ 难看 nánkàn
아름답다　보기 흉하다

干净 gānjìng ↔ 脏 zāng
청결하다　더럽다

紧 jǐn ↔ 松 sōng
팽팽하다　느슨하다

吵闹 chǎonào ↔ 安静 ānjìng
시끄럽다　조용하다

清楚 qīngchu ↔ 模糊 móhu
선명하다　모호하다

熟练 shúliàn ↔ 生疏 shēngshū
능숙하다　미숙하다

紧张 jǐnzhāng ↔ 轻松 qīngsōng
긴장하다　홀가분하다

贵 guì ↔ 便宜 piányi
(값이) 비싸다　(값이) 싸다

漂亮 piàoliang ↔ 丑陋 chǒulòu
(용모가) 아름답다　(용모가) 추하다

1 술어가 될 때는 일반적으로 정도부사를 수반합니다.

他很诚实。 Tā hěn chéngshí. 그는 매우 성실합니다.

风景非常美。 Fēngjǐng fēicháng měi. 풍경이 매우 아름답습니다.

2 목적어가 오지 않습니다.

3 한정어, 부사어, 술어가 될 수 있습니다.

他是好学生。 Tā shì hǎo xuésheng. 그는 좋은 학생입니다. 〈한정어〉

我们要努力学习汉语。 Wǒmen yào nǔlì xuéxí Hànyǔ.
우리는 열심히 중국어를 공부해야 합니다. 〈부사어〉

他的个性比较强。 Tā de gèxìng bǐjiào qiáng. 그의 개성은 비교적 강합니다. 〈술어〉

4 반복의문문으로 쓸 수 있습니다.

情况复杂不复杂? Qíngkuàng fùzá bu fùzá? 상황이 복잡합니까?

他说的对不对? Tā shuōde duì bu duì? 그가 말한 것이 맞습니까?

5 중첩형을 쓸 수 있습니다.

1) 단음절형용사 A는 AA的 또는 AA儿의 형식이 됩니다.
2) 2음절형용사 AB는 AABB의 형식이 됩니다. 이때 두 번째의 A는 경성으로 발음할
   때도 있습니다.
3) 명사와 형용사가 연결된 형용사는 ABAB형식이 됩니다.(핵심 050 참고)

在동사는 '있다', '없다'처럼 존재의 유무를 나타냅니다. 뒤에 장소가 옵니다.

邮局在哪儿?   우체국은 어디입니까?
Yóujú   zài   nǎr?

在는 '~에 있다'처럼 동사로 쓰이기도 하고 '~에(장소, 시간)'라는 개사, '마침 ~하는 중'이라는 부사의 뜻도 있습니다.

 **038** 존재동사 在 – 긍정문

> 주어(존재하는 사람·사물) + 在 + 장소
>
> 他　　　　　　　　　　在　广州。
> Tā zài Guǎngzhōu. 그는 광조우에 있습니다.

 报纸在这里。Bàozhǐ zài zhèli. 신문은 여기에 있습니다.
她们在食堂。Tāmen zài shítáng. 그녀들은 식당에 있습니다.

039 존재동사 在 – 부정문

> 주어(존재하는 사람 또는 사물) + 不在 + 장소
>
> 他　　　　　　　　不在　宿舍里。 Tā bú zài sùshèli.
> 　　　　　　　　　　　　　　　　　그는 기숙사에 없습니다.

* 没在를 사용할 수도 있지만, 거의 쓰지 않는 용법입니다.
哥哥昨晚没在家。Gēge zuówǎn méi zài jiā. 형은 어젯밤 집에 없었습니다.

 **040 장소사**

근칭(여기)	这儿 zhèr	这里 zhèli
원칭(거기, 저기)	那儿 nà	那里 nàli
의문(어디)	哪儿 nǎr	哪里 nǎli

 * …儿은 북쪽에서 많이 사용되고 …里는 남쪽에서 많이 사용되는 정도의 차이만 있을 뿐, 뜻과 용법에 특별한 차이가 없습니다.

041 명사의 장소화

在 뒤에는 장소명사가 와야 합니다. 그래서 장소성을 띠지 않은 명사(나, 너, 탁자, 냉장고 등)는 '장소화'시킵니다.

① **(대)명사 + 这儿 / 那儿**
대상이 화자 측에 있을 때는 这儿을, 상대 측에 있을 때는 那儿을 사용합니다.

② **장소를 나타내지 않는 명사 + 上, 里**
上, 里는 경성으로 발음합니다.

보충 你的杂志在我这儿。Nǐ de zázhì zài wǒ zhèr. 당신의 잡지는 저한테 있습니다.
你的钢笔在他那儿。Nǐ de gāngbǐ zài tā nàr. 당신 펜은 그 사람한테 있습니다.
老师的眼镜在桌子上。Lǎoshī de yǎnjìng zài zhuōzishang. 선생님의 안경은 책상 위에 있습니다.
计算器不在桌子上。Jìsuànqì bú zài zhuōzishang. 계산기는 책상 위에 없습니다.

 **042 존재동사 在 – 의문문**

① 주어 + 在　　　　 + 장소 + 吗?

② 주어 + 在·不在　 + 장소?
　 주어 + 在　　　　 + 장소 + 不在?

 他在家吗? Tā zài jiā ma? 그는 집에 있습니까?

在。Zài. / 不在。Bú zài. 있습니다. / 없습니다.

我的箱子在不在这儿? Wǒ de xiāngzi zài bu zài zhèr? 제 트렁크는 여기에 있습니까?

在这儿。Zài zhèr. / 不在这儿。Bú zài zhèr. 여기에 있습니다. / 여기에 없습니다.

他们在办公室不在? Tāmen zài bàngōngshì bú zài? 그들은 사무실에 있습니까?

在 Zài. / 不在。Bú zài. 있습니다. / 없습니다.

 **043 존재를 나타내는 是**

有존재문은 '단지 사물이 어떤 곳에 존재한다는 것'을
나타내지만, 是존재문은 '화자가 어떤 곳에 사물이
존재한다는 것을 이미 알고 있고, 나아가 그 사물이
무엇인지를 설명하고자 하는 의지'가 표현됩니다.

주어[장소] + 是 + 존재하고 있는 사람·사물

보충 东边儿是图书馆。Dōngbianr shì túshūguǎn. 동쪽이 도서관입니다.

前边儿是职员宿舍。Qiánbianr shì zhíyuán sùshè. 앞쪽에 있는 것이 사원기숙사입니다.

방위사는 방향이나 상대적인 위치관계를 나타내는 말입니다.

① 1음절 방위사(前, 后, 上, 下 등)

단독으로 사용되는 경우는 거의 없습니다. 접미사(边, 面, 头)를 붙여서 2음절 방위사로 쓰이거나, 명사에 붙어서 명사를 '장소화'시킵니다.

② 2음절 방위사

단독으로 또는 다른 명사 뒤에 붙어서 목적어가 될 수 있습니다.

보충 黑板在前边儿。 Hēibǎn zài qiánbianr. 칠판은 앞에 있습니다.

老师在你们后边儿。 Lǎoshī zài nǐmen hòubianr. 선생님은 당신들 뒤에 계십니다.

邮局在哪儿? Yóujú zài nǎr? 우체국은 어디에 있습니까?

➡ 在前边儿。 Zài qiánbianr. 앞쪽에 있습니다.

百货商店在哪儿? Bǎihuò shāngdiàn zài nǎr? 백화점은 어디에 있습니까?

➡ 在车站后边儿。 Zài chēzhàn hòubianr. 역 뒤에 있습니다.

1 1음절 방위사와 2음절 방위사

1음절 방위사		2음절 방위사		
		⊕ 边(儿) bian(r)	⊕ 面 mian	⊕ 头 tou
前 qián 앞	앞, 전방, 앞쪽	前边(儿) qiánbian(r)	前面 qiánmian	前头 qiántou
后 hòu 뒤	뒤, 후방, 뒤쪽	后边(儿) hòubian(r)	后面 hòumian	后头 hòutou
上 shàng 위	위, 위쪽, 표면	上边 (儿) shàngbian(r)	上面 shàngmian	上头 shàngtou
下 xià 아래	아래, 아래쪽	下边(儿) xiàbian(r)	下面 xiàmian	下头 xiàtou
左 zuǒ 왼, 좌	왼쪽, 좌측	左边(儿) zuǒbian(r)	左面 zuǒmian	
右 yòu 우	오른쪽, 우측	右边(儿) yòubian(r)	右面 yòumian	
里 lǐ 안	안, 안쪽, 내부, 속	里边(儿) lǐbian(r)	里面 lǐmian	里头 lǐtou
外 wài 밖	밖, 바깥쪽, 표면	外边(儿) wàibian(r)	外面 wàimian	外头 wàitou
旁 páng 곁	옆, 곁	旁边(儿) pángbian(r)		
东 dōng 동	동쪽, 동측, 동방	东边(儿) dōngbian(r)	东面 dōngmian	东头 dōngtóu
南 nán 남	남쪽, 남측, 남방	南边(儿) nánbian(r)	南面 nánmian	南头 nántóu
西 xī 서	서쪽, 서측, 서방	西边(儿) xībian(r)	西面 xīmian	西头 xītóu
北 běi 북	북쪽, 북측, 북방	北边(儿) běibian(r)	北面 běimian	北头 běitóu

* 边(儿), 面은 보통 경성으로 발음합니다.
* 边(儿), 头는 북방, 面은 남방에서 자주 사용됩니다. 어법상의 차이점은 없습니다.
* 头는 보통 경성으로 발음하지만 东, 南, 西, 北 뒤에서는 제2성으로 읽습니다.

2 기타 방위사

中 zhōng 한가운데, 중심, 중앙   中间 zhōngjiān 중간, ~의 가운데

当中 dāngzhōng 중간   内 nèi 안쪽, 속

附近 fùjìn 부근   一带 yídài 일대

对面 duìmiàn 건너편   间 jiān 사이

以上 yǐshàng 이상   以下 yǐxià 이하

以前 yǐqián 이전   以后 yǐhòu 이후

以内 yǐnèi 이내   以外 yǐwài 이외

南方 nánfāng 남방   东方 dōngfāng 동방

北方 běifāng 북방   西方 xīfāng 서방

1　중국어로 작문해보세요.

① 당신의 생일은 몇 월 며칠입니까?　➡

② 우체국은 어디입니까?　➡

③ 그는 기숙사에 없습니다.　➡

④ 내일은 월요일입니다.　➡

⑤ 선생님은 서울 출신이 아닙니다.　➡

⑥ 이 수박은 답니까?　➡

⑦ 계산기는 책상 위에 없습니다.　➡

⑧ 오늘은 날씨가 좋다.　➡

⑨ 누나는 키가 크고 여동생은 작습니다.　➡

⑩ 일이 바쁩니까?　➡

2　뜻이 통하도록 단어를 배열하여 문장을 완성하세요.

① 个子　哥哥　不　我　高　➡

② 有　你　中文　几　杂志　本　➡

③ 星期三　是　今天　不　➡

④ 怎么样　身体　你　➡

⑤ 东西　贵　个　有点儿　这　➡

⑥ 这　毛衣　非常　件　漂亮　➡

⑦ 屋子　了　干净　这　太　间　➡

⑧ 东边儿　图书馆　是　➡

⑨ 词典　本　不　好　太　这　➡

⑩ 他　在　那儿　的　你　钢笔　➡

3 한국어로 해석해보세요.

① Wǒ de fángjiān bú dà.　→

② Xiànzài jǐ diǎn?　→

③ Zhè běn shū hǎo bu hǎo?　→

④ Bàozhǐ zài zhèli.　→

⑤ Tāmen dōu bú shì xuésheng.　→

4 (　) 안에 二이나 两 중에 알맞은 것을 써넣으세요.

① 第(　　　) 　② (　　　)万

③ 初(　　　) 　④ (　　　)头牛

⑤ (　　　)年级 　⑥ (　　　)个

⑦ (　　　)哥 　⑧ (　　　)个弟弟

⑨ (　　　)月 　⑩ (　　　)楼

5 (　) 안에 알맞은 양사를 써넣으세요.

① 一(　　)伞 　② 一(　　)鞋 　③ 一(　　)可乐

④ 一(　　)百货商店 　⑤ 一(　　)桌子 　⑥ 一(　　)苹果

⑦ 一(　　)汽车 　⑧ 一(　　)笔 　⑨ 一(　　)课本

⑩ 一(　　)鱼 　⑪ 一(　　)照片 　⑫ 一(　　)椅子

⑬ 一(　　)学生 　⑭ 一(　　)录音机 　⑮ 一(　　)信

⑯ 走了一(　　) 　⑰ 吃一(　　) 　⑱ 读一(　　)

⑲ 说一(　　) 　⑳ 骂一(　　) 　㉑ 哭一(　　)

㉒ 研究一(　　) 　㉓ 看一(　　) 　㉔ 喝一(　　)

연동문은 주어 하나에 동사(구)가 2개 이상 이어지는 문장입니다.

我们去玩儿吧。

Wǒmen qù wánr ba.

우리 놀러 갑시다.

하지만 똑같은 동사를 연이어 쓰면 연동문이 아니라 '동사 중첩형'이라고 합니다.

주어 + 동사① (+ 목적어) + 동사② (+ 목적어)

① 동작이 행해지는 순서에 따라

[연속동작] …하고 나서 ~합니다

大家去操场踢足球。 Dàjiā qù cāochǎng tī zúqiú.

모두 운동장에 가서 축구를 합니다.

[목적관계] ~하러 …합니다

妈妈去商店买东西。 Māma qù shāngdiàn mǎi dōngxi.

어머니는 물건을 사러 가게에 가십니다.

② 동사①은 동사②의 수단 · 방법

'…로 ~합니다'

她骑自行车去学校。 Tā qí zìxíngchē qù xuéxiào. 그는 자전거를 타고 학교에 다닙니다.

* 동사① 뒤에 목적어 없이 수단을 강조하는 경우 '동사① + 着'의 형식을 씁니다.

我们走着去。 Wǒmen zǒuzhe qù. 우리는 걸어서 갑니다.

(보충) 我们去玩儿吧。 Wǒmen qù wánr ba. 우리 놀러 갑시다.

他们回家吃午饭。 Tāmen huí jiā chī wǔfàn. 그들은 집에 가서 점심을 먹습니다.

我用自己的钱买电脑。 Wǒ yòng zìjǐ de qián mǎi diànnǎo. 저는 제 돈으로 컴퓨터를 삽니다.

동사①을 부정합니다.

주어 + 不 + 동사① (+ 목적어) + 동사② (+ 목적어)

我　　不　　回家　　　　　　　吃饭。　　　　　　Wǒ bù huí jiā chī fàn.
저는 집에서 식사하지 않습니다.

보충　我不去看电影。 Wǒ bú qù kàn diànyǐng. 저는 영화를 보러 가지 않습니다.
(×)我去不看电影。

我们不用这种方式讨论。 우리는 이런 방법으로 토론하지 않습니다.
Wǒmen bú yòng zhè zhǒng fāngshì tǎolùn.
(×)我们用这种方式不讨论。

我不坐公共汽车去。 Wǒ bú zuò gōnggòngqìchē qù. 저는 버스를 타고 가지 않습니다.
(×)我坐公共汽车不去。

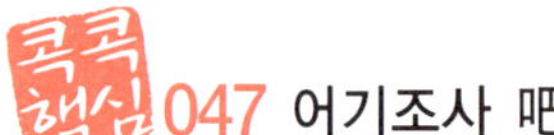 047 어기조사 吧

어기조사는 문장 끝에 붙어서 상대방의 심정이나 태도를 나타내는 조사입니다.
경성으로 발음됩니다.

① 가볍고 온화한 명령이나 제안 · 상담
　快来吃吧。 Kuài lái chī ba. 빨리 와서 먹어요.
　你过来吧。 Nǐ guòlái ba. (이리로) 오세요.
　我们现在就走吧。 Wǒmen xiànzài jiù zǒu ba.
　지금 곧 갈까요? (상대방과 상의하는 뉘앙스)

② 가벼운 의문이나 추측
　这些礼物都是男朋友送给你的吧?
　Zhèxiē lǐwù dōu shì nánpéngyou sònggěi nǐ de ba?
　이 선물들은 전부 남자친구가 당신에게 보낸 것이지요?

　他走了吗? Tā zǒu le ma? 그는 돌아갔습니까?

　➡ 大概走了吧。 Dàgài zǒu le ba. 아마 돌아간 것 같아요.

 **048 '喜欢 + 동사'는 연동문이 아니다**

'喜欢 + 동사'는 '~을 좋아한다'는 뜻이지 순서대로 행해지는 동작이 아닙니다.
따라서 연동문이 아닙니다.

我很喜欢跳舞。 Wǒ hěn xǐhuan tiào wǔ. 저는 춤을 매우 좋아합니다.

보충 * 喜欢은 동사이지만 很과 연결하여 자주 쓰입니다.
我的同事很喜欢唱卡拉ＯＫ。 Wǒ de tóngshì hěn xǐhuan chàng kǎlāOK.
제 동료는 가라오케를 매우 좋아합니다.

 **049 동사 중첩형**

동사를 중첩하면 '~을 조금 해보다', '시험 삼아 ~해보다'로 의미가 가벼워집니다.
뒤에 오는 동사는 경성으로 발음합니다.

① 단음절 동사 A : AA 혹은 A一A | A了A(과거)
看看 kànkan ~ 좀 보다
这个菜味道很好，你尝一尝。 Zhège cài wèidào hěn hǎo, nǐ chángyichang.
이 요리는 맛이 좋습니다. 드셔보세요.
我看了看，这张画儿很好看。 Wǒ kànlekan, zhè zhāng huàr hěn hǎokàn.
제가 조금 살펴봤는데 이 그림은 매우 훌륭합니다.

② 2음절 동사 AB : ABAB
讨论讨论 tǎolùntaolun 토론해보다

③ 이합사 AB : AAB (앞의 동사 부분만 중첩시킨다)
散步 sàn bù → 散散步 sànsanbù 산책 좀 하다

④ 존재동사(有，在), 심리동사(爱，喜欢，恨 hèn 원망하다), 지각동사(知道，看见
kànjian 눈에 들어오다, 觉得 juéde 느끼다) 등은 중첩형을 쓸 수 없다.

보충 点头 diǎn tóu → 点点头 diǎndiantóu. 고개를 조금 끄덕이다.
打球 dǎ qiú → 打打球 dǎdaqiú. 공놀이를 조금 하다. (플레이를 하다)

형용사는 중첩하면 '매우 ~하다'로 뜻이 강조됩니다. 동사와 달리 경성으로 변하지 않습니다.

1. 단음절 형용사 A : AA的 또는 AA儿

단음절 형용사의 중첩형이 동사나 형용사를 수식하는 부사의 역할도 합니다. 이 때는 주로 AA儿 형식으로, 두 번째 A는 제1성으로 발음합니다.

他的身材高高的, 眼睛大大的。
Tā de shēncái gāogāo de, yǎnjing dàdà de.
그는 키가 아주 크고, 눈은 아주 큽니다.
好好儿休息吧。 Hǎohāor xiūxi ba. 잘 쉬세요.
别急, 慢慢儿就好了。 Bié jí, mànmānr jiù hǎo le.
조급해 하지 마세요. 천천히 좋아질 거예요.

형용사 중첩형에서 성조 표기는?
① 변하지 않습니다
② AA儿의 경우 뒤의 A가 1성이 됩니다.
③ AABB의 경우 뒤의 A를 경성으로 발음 해도 됩니다.

2. 2음절 형용사 AB : AABB

事情的经过清清楚楚。 Shìqíng de jīngguò qīngqīngchǔchǔ.
사건의 경과는 분명합니다.
对待工作, 他从不马马虎虎。 Duìdài gōngzuò, tā cóng bù mǎmǎhūhū.
일에 대해서 그는 이제까지 한 번도 무책임한 적이 없었습니다.

3. 명사와 형용사로 연결된 형용사 : ABAB

这条路笔直笔直的。 Zhè tiáo lù bǐzhíbǐzhí de. 이 길은 곧은 길입니다.
金黄金黄的月光洒向大地。 Jīnhuángjīnhuáng de yuèguāng sǎ xiàng dàdì.
금빛의 달빛이 대지를 밝게 비추고 있습니다.

중국어에는 세 가지 조사가 있습니다.

구조조사 : 的, 地, 得
어기조사 : 啊, 呢, 吗, 了, 吧, 的
동태조사 : 了, 着, 过

구조조사는 두 개 이상의 말 또는 구 간의 관계를 나타내는 말입니다.

[的] 형용사, 대사, 명사 또는 구 뒤에 넣어 한정어를 만들어 뒤의 명사를 수식합니다.
这是他的手表。 Zhè shì tā de shǒubiǎo. 이것은 그의 손목시계입니다.
这些是很漂亮的邮票。 Zhèxiē shì hěn piàoliang de yóupiào. 이것들은 예쁜 우표입니다.

[地] 형용사, 부사 또는 구 뒤에 넣어 부사어를 구성하고 뒤에 오는 동사, 형용사를 수식합니다.
他们非常认真地学习中文。 Tāmen fēicháng rènzhēnde xuéxí Zhōngwén.
그들은 아주 열심히 중국어를 공부하고 있습니다.
学外语要大胆地说。 Xué wàiyǔ yào dàdǎnde shuō.
배울 때에는 자심감 있게 말해야 합니다.

* 분류상으로는 구조조사에 포함되나 的나 地는 그 기능이 다릅니다.

[得] 보통 형용사, 부사로 사용되나 구와 함께 쓰일 경우 동사나 형용사 뒤에서 보어
(가능보어, 정도보어)를 이끄는 역할을 하기도 합니다.
他写文章写得很好。 Tā xiě wénzhāng xiěde hěn hǎo. 그는 문장을 잘 씁니다.
你看得懂吗? Nǐ kànde dǒng ma? 보고 이해할 수 있습니까?

어기조사는 문장 끝에서 말하는 이의 심정이나 태도(의문·추측·명령·감탄·확인 등)를 나타냅니다.

[吗] 의문을 나타냅니다.
　　她是你的朋友吗? Tā shì nǐ de péngyou ma? 그녀는 당신의 친구입니까?
　　你喜欢吃水果吗? Nǐ xǐhuan chī shuǐguǒ ma? 당신은 과일을 좋아합니까?

[呢] ① 吗의문문 이외의 의문문에 사용되며 질문이 요구하는 구체적인 답을 상대방에 요구하는 뉘앙스를 나타냅니다.
　　你们去不去呢? Nǐmen qù bu qù ne? 당신들이 갑니까? 〈반복의문문〉
　　这个字怎么发音呢? Zhège zì zěnme fāyīn ne? 이 글자는 어떻게 발음합니까?
　　你吃米饭，还是吃面呢? Nǐ chī mǐfàn, háishì chī miàn ne?
　　밥을 먹습니까, 아니면 면을 먹습니까? 〈선택의문문〉
　　我明天上班，你呢? Wǒ míngtiān shàngbān, nǐ ne?
　　저는 내일 출근해요. 당신은요? 〈생략의문문〉

② 평서문의 문장 끝에 넣어 어떤 상태를 나타냅니다.
　　她还在洗澡呢。 Tā hái zài xǐzǎo ne. 그녀는 아직 목욕 중입니다.
　　他们还在聊天呢。 Tāmen hái zài liáotiān ne. 그들은 아직 이야기하고 있습니다.

③ 사실을 조금 과장하여 상대방에게 확인시키는 뉘앙스를 나타냅니다.
　　我该做饭了。 Wǒ gāi zuò fàn le. 슬슬 밥해야 해요.
　　➡ 还早呢，在休息一会儿吧。 Hái zǎo ne, zài xiūxi yíhuìr ba.
　　　 아직 시간이 있어요. 좀 더 쉬세요.

④ 문장 속에서 태도를 표명할 때 사용합니다.
　　他呢，喜欢踢足球，我呢，喜欢打棒球。 Tā ne, xǐhuan tī zúqiú, wǒ ne, xǐhuan dǎ bàngqiú.
　　그는 말이죠, 축구를 좋아하구요. 나는 말이죠, 야구를 좋아합니다.

[啊] ① 감탄의 뜻을 나타냅니다.
　　风景真美啊! Fēngjǐng zhēn měi a! 풍경이 정말 아름답군요.
　　你的衣服多漂亮啊! Nǐ de yīfu duō piàoliang a! 당신 옷이 어쩌면 이렇게 아름다울까요!

② 의문의 뜻을 나타냅니다.
　　또한 의문대사의문문이나 선택의문문 끝에 첨가하면 부드러운 느낌을 줍니다.
　　你怎么不说? Nǐ zěnme bù shuō? 왜 말하지 않나요?
　　你怎么不说啊? Nǐ zěnme bù shuō a? 왜 말하지 않는 거예요?

③ 긍정, 재촉, 변명 등의 뜻을 나타냅니다.

是啊! Shì ya! (친한 사이에서) 그래요!

你有什么烦恼吗? Nǐ yǒu shénme fánnǎo ma? 무슨 고민이 있어요?

➲ 嗯，有哇! Ǹg, yǒu wa! 네, 있어요.

快睡啊! Kuài shuì a! (아이에게) 빨리 자!

没办法呀。 Méi bànfǎ ya. 어쩔 수 없어요.

④ 상대방의 주의를 끌기 위해 사용합니다.

你呀，真了不起。 Nǐ ya, zhēn liǎobuqǐ. 당신은, 정말 대단하군요.

⑤ 사물을 열거할 때 사용합니다.

木瓜啊，芒果啊，香蕉啊，在超市什么都卖。
Mùguā a, mángguǒ a, xiāngjiāo a, zài chāoshì shénme dōu mài.
파파야, 망고, 바나나 등 슈퍼에서는 무엇이든지 다 팝니다.

⑥ 어기조사 啊는 앞에 오는 음절의 끝소리에 따라 읽는 방법이 달라집니다.
글자 자체가 달라지기도 합니다.

啊 앞에 오는 모음	발음의 변화	표기
a, e i, o, ü	ya	呀 예 是呀!
u, ao, ou	wa	哇 예 有哇!
- n	na	哪
- ng	nga	啊
- i (설치음)	za	啊
- i (권설음)	ra	啊

* - i (설치음)는 zi, ci, si의 i, - i (권설음)는 zhi, chi, shi, ri의 i 음을 나타냅니다.

[了] ① '상황의 변화나 새로운 사태가 발생한 것'을 확인하고 인정합니다.

下雨了。 Xià yǔ le. 비가 오기 시작했다.

他有弟弟了。 Tā yǒu dìdi le. 그는 남동생이 생겼다.

② '이제부터 변화가 생기려고 하는 것'을 나타냅니다. 要(막 ~하려 하다), 快要(이제
곧 ~하다), 就要(곧 ~하다)를 수반합니다. (콕콕핵심 065 참고)

要刮风了。 Yào guā fēng le. 곧 바람이 불 것 같다.

快要放暑假了。 Kuàiyào fàng shǔjià le. 이제 곧 여름방학입니다.

樱花就要开了。 Yīnghuā jiù yào kāi le. 벚꽃이 이제 곧 피려고 한다.

快要下雨了。 Kuàiyào xià yǔ le. 비가 오려고 한다.

③ 상대를 재촉하거나 제지하는 느낌을 줍니다. 别~了, 不~了의 형태로 사용됩니다.

喝了, 喝了。今天我很高兴! Hē le, hē le. Jīntiān wǒ hěn gāoxìng!
(술을) 마셔, 마셔. 오늘 기분 너무 좋다! 〈재촉〉

该回家了, 别再喝了。Gāi huíjiā le, bié zài hē le.
이제 술을 그만 마시고 집으로 돌아가셔야죠. 〈재촉과 제지〉

④ 정도가 크다는 의미를 강조합니다.

1) 太 ~了, 可 ~了

太多了, 我们吃不了。Tài duō le, wǒmen chībuliǎo.
너무 많아. (우리가) 다 먹어 치울 수 없다.

我太高兴了! Wǒ tài gāoxing le! 저는 정말 기쁩니다!

这儿交通太方便了。Zhèr jiāotōng tài fāngbiàn le. 여기는 교통이 아주 편리합니다.

这样做, 我可放心了。Zhèyang zuò, wǒ kě fàngxīn le.
이렇게 되면 저는 매우 안심입니다.

2) 동사나 형용사 + 死了, 透了, 极了

我饿死了。Wǒ è sǐ le. 배가 고파서 못 참겠어요.

我烦透了。Wǒ fán tòu le. 이젠 지긋지긋해요.

她漂亮极了。Tā piàoliang jí le. 그녀는 아주 예쁩니다.

[吧] (**콕콕핵심** 047 참고)

[的] 단정적으로 말할 때 씁니다.

你放心吧, 他一定会帮助你的。Nǐ fàngxīn ba, tā yídìng huì bāngzhù nǐ de.
안심하세요. 그가 꼭 도와 줄 거예요.

留学生活, 我永远不会忘记的。Liúxué shēnghuó, wǒ yǒngyuǎn bú huì wàngjì de.
유학생활을 영원히 잊지 못할 거예요.

MEMO

능원동사는 '~할 수 있다', '~해도 좋다', '~하지 않으면 안 된다', '~해야 한다', '~하고 싶다' 등 동사에 뜻을 더하는 기능을 합니다.

你会说中文吗?

Nǐ huì shuō Zhōngwén ma?

당신은 중국어를 말할 수 있습니까?

 051 능원동사가 있는 동사술어문

① 긍정문 : 주어 + ⌃ + 능원동사 + 동사 + 목적어
　　　　　　　　　　　부사

② 부정문 : 주어 + ⌃ + 不 + 능원동사 + 동사 + 목적어
　　　　　　　　　　　부사

③ 의문문 : 주어 + 능원동사 + 동사 + 목적어 + 吗?
　　　　　　주어 + 능원동사 · 不 · 능원동사 + 동사 + 목적어?

 1　我想看电影。Wǒ xiǎng kàn diànyǐng. 저는 영화를 보고 싶습니다
　　我要喝茶。Wǒ yào hē chá. 저는 차를 마시고 싶습니다
　　他非常想学习中文。Tā fēicháng xiǎng xuéxí Zhōngwén 그는 매우 중국어를 공부하고 싶어합니다

　　2　我不想喝咖啡。Wǒ bù xiǎng hē kāfēi 저는 커피를 마시고 싶지 않습니다
　　他不想打太极拳。Tā bù xiǎng dǎ tàijíquán 그는 태극권은 하고 싶지 않습니다

　　3　你想去中国吗? Nǐ xiǎng qù Zhōngguó ma? 당신은 중국에 가고 싶습니까?
　　你要不要买ＣＤ(唱片)? Nǐ yào bu yào mǎi CD(chàngpiàn)? CD를 사고 싶습니까?

052 능원동사의 분류

[능력 · 허가]	能	会	可以			
~할 수 있다, ~해도 좋다	néng	huì	kěyǐ			
[소원 · 의지]	想	要	愿意			
~하고 싶다, ~할 작정이다	xiǎng	yào	yuànyi			
[의무 · 필요]	应该	应	该	要	得	必须
~해야 한다, ~할 필요가 있다.	yīnggāi	yīng	gāi	yào	děi	bìxū

能과 可以는 뜻이 서로 가까워서 어느 쪽을 사용해도 무방합니다.
그러나 부정형에는 不能만 씁니다.

① 능력이 있어서 '～할 수 있다'

我能(可以)开汽车。 Wǒ néng(kěyǐ) kāi qìchē. 저는 차를 운전할 수 있습니다.

你能(可以)看中文书吗? Nǐ néng(kěyǐ) kàn Zhōngwén shū ma?
당신은 중국어로 쓰여진 책을 읽을 수 있습니까?

② 객관적인 조건 · 사정 아래 '～할 수 있다'

我一分钟能(可以)打一百五十字。 Wǒ yìfēnzhōng néng(kěyǐ) dǎ yì bǎi wǔshí zì.
저는 1분 동안 150자를 입력할 수 있습니다.

他一天能(可以)写五篇稿子。 Tā yìtiān néng(kěyǐ) xiě wǔ piān gǎozi.
그는 하루에 5편의 원고를 쓸 수 있습니다.

③ 허가의 의미로 '～할 수 있다' '～해도 좋다'

我能(可以)进来吗? Wǒ néng(kěyǐ) jìnlai ma? 들어가도 괜찮습니까?

这儿能(可以)吸烟。 Zhèr néng(kěyǐ) xī yān. 여기에서는 담배를 피워도 상관없습니다.

보충 * 我不能开汽车。 Wǒ bù néng kāi qìchē. 저는 자동차 운전은 못합니다.

他一天不能写五篇稿子。 Tā yìtiān bù néng xiě wǔ piān gǎozi.
그는 하루에 5편의 원고를 쓰지 못합니다.

这儿不能吸烟。 Zhèr bù néng xī yān. 여기에서는 담배를 피우면 안 됩니다.

* 能만의 또 다른 용법 : 〈가능성을 표시〉 ~일 것이다

还有时间，我们能赶到机场。 Hái yǒu shíjiān, wǒmen néng gǎndào jīchǎng.
아직 시간이 있으니까 공항에 제시간에 갈 수 있을 겁니다.

我想他不能不考虑这个问题。 Wǒ xiǎng tā bù néng bù kǎolǜ zhège wèntí.
저는 그가 이 문제를 고려하지 않을 수 없을 거라고 생각합니다.

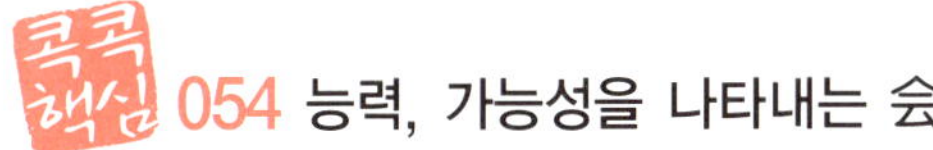 **054** 능력, 가능성을 나타내는 会

> [학습, 훈련, 연습으로 터득] ~할 수 있다, 할 수 있게 되다
> [가능성이 있음] ~이겠다, ~일 것이다

보충 1 他们会说中文。Tāmen huì shuō Zhōngwén. 그들은 중국어를 말할 수 있습니다.

他会游泳。Tā huì yóuyǒng. 그는 헤엄칠 수 있습니다.

我不会用电脑。Wǒ bú huì yòng diànnǎo. 저는 컴퓨터를 사용할 수 없습니다.

2 今天会下雨。Jīntiān huì xià yǔ. 오늘 비가 올 것이다.

他会帮助你。Tā huì bāngzhù nǐ. 그가 너를 도와줄 것이다.

他不会不来。Tā bú huì bù lái. 그가 오지 않을 리 없다.

* 会는 동사로 쓰일 수도 있습니다.

我会英语，不会德语。Wǒ huì Yīngyǔ, bú huì Déyǔ.
저는 영어를 할 수 있습니다만, 독일어는 못합니다.

 **055** 의무, 권고를 나타내는 应该·得

> [应该 = 该 또는 应当 = 必须 = 应] (당연히) ~해야 한다
>
> [得] (의무적인 뜻으로) ~해야 한다
>
> [要] (자발적으로) ~해야 한다, 할 필요가 있다

보충 你们应该努力学习。Nǐmen yīnggāi nǔlì xuéxí. 우리는 열심히 공부를 해야 합니다.

我们应该看这本小说。Wǒmen yīnggāi kàn zhè běn xiǎoshuō. 우리는 이 소설을 읽어야 합니다.

我们得用功。Wǒmen děi yònggong. 우리는 열심히 공부해야 됩니다.

我得搞完这个工作。Wǒ děi gǎowán zhège gōngzuò. 나는 이 일을 해치워야 합니다.

路很滑，你要小心。Lù hěn huá, nǐ yào xiǎoxīn. 길이 미끄러우니까 (당신은) 조심하세요.

你们要注意这个问题。Nǐmen yào zhùyì zhège wèntí. 당신들은 이 문제에 주의할 필요가 있습니다.

[想] ~하려고 하다, ~하고 싶다

你想喝啤酒吗? Nǐ xiǎng hē píjiǔ ma? 당신은 맥주를 마시고 싶습니까?

　我不想喝啤酒。Wǒ bù xiǎng hē píjiǔ. 저는 맥주를 마시고 싶지 않습니다.

[要] 〈주체적인 요구〉 ~하고 싶다　不想 / 不愿意 / (×) 不要

我要去北京。Wǒ yào qù Běijīng. 저는 베이징에 가고 싶습니다.

　我不想结婚。Wǒ bù xiǎng jiéhūn. 저는 결혼하고 싶지 않습니다.

　她不愿意做家务。Tā bú yuànyì zuò jiāwù. 그녀는 집안일을 하기 싫어합니다.

[愿意] 〈희망하는 것에 들어맞다고 생각해서〉 ~하고 싶다, 바라다　不愿意

我愿意参加今天的舞会。Wǒ yuànyì cānjiā jīntiān de wǔhuì.
저는 오늘 댄스 파티에 참가하고 싶습니다.

보충　想 동사로 '그리워하다'라는 뜻입니다.

我想家。Wǒ xiǎng jiā. 저는 향수병에 걸렸습니다.

要 동사로 '원하다, 바라다'라는 뜻입니다.
~일 것이다 (会보다 더 강한 의지 · 욕구) ↔ 不会 / (×) 不要

你要什么? Nǐ yào shénme? 무엇을 드릴까요?

我要花茶。Wǒ yào huāchá. 자스민차를 주세요.

他今天要来的。Tā jīntiān yào lái de. 그는 오늘 올 겁니다.

愿意 반복의문문에서 긍정 부분의 제2음절을 생략하는 것이 일반적입니다.

你愿(意)不愿意参观? Nǐ yuàn(yì) bu yuànyì cānguān? 당신은 견학하고 싶습니까?

1 중첩형을 만들지 않습니다.

（○）他能看中文报。Tā néng kàn Zhōngwén bào. 그는 중국어 신문을 읽을 수 있습니다.

（×）他能能看中文报。

2 목적어는 활용이 있는 것(동사, 형용사, 주술구)에 제한됩니다. 명사와 같이 활용이 없는 것은 해당되지 않습니다.

（○）我要锻炼身体。Wǒ yào duànliàn shēntǐ. 나는 몸을 단련해야 합니다.

（×）我要身体。

3 부정은 '不 + 능원동사'입니다. 没는 能(~할 수 있다), 敢(과감히 ~하다) 등 극히 소수의 경우에 과거의 사실을 나타냅니다.

我不想吃药。Wǒ bù xiǎng chī yào. 나는 약을 먹고 싶지 않습니다.

我昨天没能来。Wǒ zuótiān méi néng lái. 나는 어제 올 수 없었습니다.

以前我没敢跟她说话。Yǐqián wǒ méi gǎn gēn tā shuō huà.
이전에 나는 감히 그녀와 이야기를 할 수 없었습니다.

4 吗의문문, 반복의문문을 씁니다. 질문에 대해서는 능원동사로만 대답할 수 있습니다.

你会说法语吗？Nǐ huì shuō Fǎyǔ ma?

你会不会说法语？Nǐ huì bu huì shuō Fǎyǔ? 당신은 프랑스어를 말할 수 있습니까?

你会说日语吗？Nǐ huì shuō Rìyǔ ma? 당신은 일본어를 할 수 있습니까?

⮕ 会。Huì . / 不会。Bú huì . 네. / 아니오

5 2개의 능원동사를 연용할 수 있습니다.

他今天没有工作，应该能来。Tā jīntiān méiyǒu gōngzuò, yīnggāi néng lái.
그는 오늘은 일이 없으니까, 당연히 올 수 있을 겁니다.

6 능원동사는 동태조사 了, 着, 过를 수반하지 않습니다.

（×）他会了说中文。

（×）他会过说中文。

（×）他会着说中文。

7 형용사 앞에 쓰일 때도 있습니다.

屋子要干净。Wūzi yào gānjìng. 방은 청결해야 합니다.

09장 개사구

从家到公司要一个小时。 집에서 회사까지 1시간 걸립니다.

Cóng jiā dào gōngsī yào yí ge xiǎoshí.

반드시 목적어와 함께 쓰여서 부사어(장소 · 시간 · 원인 · 대상)를 구성합니다.
자주 사용되는 개사들의 종류와 활용을 잘 알아두어야 합니다.

주어 + ／ 不 ＼ + 개사[상황어] + 동사 (+ 목적어)

보충 我给你打电话。Wǒ gěi nǐ dǎ diànhuà. 저는 당신에게 전화를 합니다.

我们在食堂吃饭。Wǒmen zài shítáng chīfàn. 우리는 식당에서 식사를 합니다.

他不在家里吃午饭。Tā bú zài jiāli chī wǔfàn. 그는 집에서 점심을 먹지 않습니다.

她不给我送花。Tā bù gěi wǒ sòng huā. 그녀는 나에게 꽃을 보내지 않습니다.

你们从首尔出发吗? Nǐmen cóng Shǒu'ěr chūfā ma? 당신은 서울에서 출발합니까?

公司离车站远不远? Gōngsī lí chēzhàn yuǎn bu yuǎn? 회사는 역에서 멉니까?

你跟他们联系不联系? Nǐ gēn tāmen liánxì bu liánxì? 당신은 그들과 연락을 하고 있습니까?

你在哪儿工作? Nǐ zài nǎr gōngzuò? 당신은 어디에서 근무하고 있습니까?

➡ 在银行。Zài yínháng. 은행입니다.

① 在
- 장소 : ~에서
- 시간 : ~때'

② 从
- 기점 : ~에서, ~로부터
- 시간 : ~부터
  이 경우엔 보통 뒤에 ~起, ~开始를 수반합니다.

③ 到
- 도달하는 장소 : ~에, ~까지
- 시간 : ~까지는, ~가 되면

④ 离
- 거리의 격차 : ~에서 (거기까지)
- 시간의 격차 : ~부터, ~까지

⑤ 往
- 동작의 방향 : ~을 향해서, ~쪽으로
  往 뒤에 보통 방향을 나타내는 말이 옵니다.

⑥ 朝
- 방향 : (~쪽을) 향해서
⑦ 向

⑧ 跟
- 대상 : ~과 (함께 / 비교해서)

⑨ 给
- (봉사의) 대상 : ~에게, ~를 위하여

⑩ 为
- (봉사의) 대상 : ~를 위하여
- 목적 : ~를 위하여 (종종 뒷부분에 了를 동반)

⑪ 替
- 대상 : ~를 위하여
  보통 명사나 인칭대사 앞에 쓰입니다.

보충
他们在操场打垒球。 Tāmen zài cāochǎng dǎ lěiqiú.
그들은 운동장에서 소프트볼을 합니다. 〈장소〉
我在高中时认识她。 Wǒ zài gāozhōng shí rènshi tā.
저는 고등학교 때 그녀를 알게 되었습니다. 〈시간〉
他们从首尔出发。 Tāmen cóng Shǒu'ěr chūfā. 그들은 서울에서 출발합니다. 〈기점〉
从九点起开会。 Cóng jiǔ diǎn qǐ kāi huì. 9시부터 회의가 시작됩니다. 〈시간〉
我到台湾去。 Wǒ dào Táiwān qù. 저는 타이완에 갑니다. 〈도달하는 장소〉

新桥到明年春天可以建成。 Xīn qiáo dào míngnián chūntiān kěyǐ jiànchéng .
새로운 다리가 내년 봄에는 완성될 것입니다. 〈시간〉

你家离车站远不远？ Nǐ jiā lí chēzhàn yuǎn bu yuǎn? 당신 집은 역에서 멉니까? 〈거리 격차〉

离开演还有十分钟了。 Lí kāiyǎn hái yǒu shí fēn zhōng le.
상연까지는 아직 10분 남았습니다. 〈시간 격차〉

我每天晚上从八点到十点听中文广播。
Wǒ měitiān wǎnshang cóng bā diǎn dào shí diǎn tīng Zhōngwén guǎngbō.
저는 매일 밤 8시부터 10시까지 중국어 방송을 듣습니다.

这辆火车往南开。 Zhè liàng huǒchē wǎng nán kāi. 이 열차는 남쪽을 향해 가고 있습니다. 〈동작의 방향〉

他们朝远处看。 Tāmen cháo yuǎnchù kàn. 그들은 먼 곳을 바라보고 있습니다. 〈방향〉

你们一直向北走吧。 Nǐmen yìzhí xiàng běi zǒu ba. (여러분은) 곧장 북쪽으로 가세요. 〈방향〉

她的中文水平跟你差不多。 Tā de Zhōngwén shuǐpíng gēn nǐ chàbuduō.
그녀의 중국어 수준은 당신과 비슷합니다. 〈대상〉

他给我介绍了北京的情况。 Tā gěi wǒ jièshàole Běijīng de qíngkuàng.
그는 저에게 베이징의 상황을 알려주었습니다. 〈봉사 대상〉

为社会作出一点儿贡献。 Wèi shèhuì zuòchu yìdiǎnr gòngxiàn.
사회를 위하여 조금만 공헌합시다. 〈봉사 대상〉

为了美好的明天，我们应该努力学习。 Wèile měihǎo de míngtiān, wǒmen yīnggāi nǔlì xuéxí.
희망찬 미래를 위하여 우리는 열심히 공부해야 합니다. 〈목적〉

家人替我高兴。 Jiārén tì wǒ gāoxìng. 가족은 나를 위해 기뻐합니다. 〈대상〉

■ **개사는 본래 동사에서 전환된 것들이 많습니다.**

[在] 他在办公室。 Tā zài bàngōngshì. 그는 사무실에 있습니다. 〈동사〉

　　 他在办公室打电脑。 Tā zài bàngōngshì dǎ diànnǎo.
　　 그는 사무실에서 컴퓨터를 하고 있습니다. 〈개사〉

[到] 她今天下午到韩国。 Tā jīntiān xiàwǔ dào Hánguó.
　　 그녀는 오늘 오후 한국에 도착합니다. 〈동사〉

[给] 她给我巧克力。 Tā gěi wǒ qiǎokèlì. 그녀는 나에게 초콜릿을 줍니다. 〈동사〉

　　 哥哥给我一支香烟。 Gēge gěi wǒ yì zhī xiāngyān.
　　 형은 저에게 담배를 한 개피 주었습니다. 〈동사〉

　　 我给他写信。 Wǒ gěi tā xiě xìn. 저는 그에게 편지를 씁니다. 〈개사〉

[朝] 我的房间朝东。 Wǒ de fángjiān cháo dōng. 제 방은 동향입니다. 〈동사〉

　　 学校大门朝西开。 Xuéxiào dàmén cháo xī kāi. 학교의 정문은 서향입니다. 〈개사〉

[对] 我住的地方对着马路。 Wǒ zhù de dìfang duìzhe mǎlù.
　　 제가 살고 있는 곳은 길과 마주하고 있습니다. 〈동사〉

　　 我们对老师说：'您早！' Wǒmen duì lǎoshī shuō: 'Nín zǎo!'
　　 우리는 선생님께 '안녕하세요'라고 인사합니다. 〈개사〉

1 시간을 나타내는 것

从 cóng ~부터 : 시간의 기점
到 dào ~까지 : 시간의 도달점
离 lí ~부터, ~까지 : 두 지점 간의 시간적인 격차
在 zài ~에
当 dāng ~할 때 : 일이 행해지는 시간
趁 chèn ~하던 때에 : 동작 · 행위를 하는 시점
自从 zìcóng ~에서 : 과거의 어떤 시점에서 시작하는 것
自 zì ~에서 : 시간의 기점
于 yú ~에, ~하던 때에 : 동작 · 행위가 발생하는 시간

2 장소 · 범위를 나타내는 것

从 cóng ~에서 : 장소의 기점 ∣ (~를, ~를 거쳐) 경유
到 dào ~까지, ~로 : 장소의 도달점
离 lí ~에서 (…까지) : 두 지점 간의 공간적인 격차
自 zì ~부터, ~에서 : 장소의 기점
打 dǎ ~에서 : 경과지점(북쪽의 방언, 从과 같음)
由 yóu ~에서 : 기점 · 경로
在 zài ~에, ~에서 : 장소 · 범위
于 yú ~에서, ~부터 : 동작 · 행위가 발생하는 장소 · 범위
沿(着) yán(zhe) ~을 따라서 : 경유 · 코스
顺(着) shùn(zhe) ~을 따라서 : 경유 · 코스

3 방향을 나타내는 것

朝 cháo ~쪽을 향해서
往 wǎng ~를 향해, ~쪽에 : 방위사나 장소를 나타내는 말과 연결해서 방향을 나타냄
向 xiàng ~를 향해, ~에 : 동작이 향하는 방향

4 대상을 나타내는 것

对 duì ~에 대해, ~를 향해
对于 duìyú ~에 대해, ~에 있어
关于 guānyú ~에 관해, ~에 대해
和 hé ~와, ~에 : 상대를 나타냄
跟 gēn ~와 함께, ~와, ~에 : 상대방 (和와 동일)
与 yǔ ~와 함께, ~와, ~에 : 상대방
同 tóng ~와 함께 : 상대방
把 bǎ ~를 (…하다) : 동작의 대상
将 jiāng ~를 (…하다) : 동작의 대상
拿 ná ~를 : 동작의 대상 (把와 동일)
被 bèi (~에 의해) ~되다 : 행위자
让 ràng (~에 의해) ~되다 : 행위자
叫 jiào (~에 의해) ~되다 : 행위자
给 gěi ~에게, ~ 위해, ~을 향해, ~에 대해

替 tì ~을 위해, ~ 대신 　　　　　　　　　　为 wèi ~에 대해, ~을 향해
比 bǐ ~보다, ~에 비해 : 비교 대상

5 수단, 방법을 나타내는 것

在 zài ~로써　　　　　　　　　　　　　: 방식
凭 píng ~을 근거로 하여　　　　　　　　: 방식
以 yǐ ~로, ~에 의해　　　　　　　　　　: 준거 (按照, 根据와 동일)
按 àn ~로, ~에 의해, ~에 근거하여　　　: 준거
按照 ànzhào ~에 의해　　　　　　　　　: 준거 (依照와 동일)
依 yī …에 의해　　　　　　　　　　　　: 준거
拿 ná ~로써　　　　　　　　　　　　　　: 수단, 방법 (用과 동일)
用 yòng (~로) ~하다　　　　　　　　　　: 수단, 방법
由 yóu ~을 사용하여　　　　　　　　　　: 성분, 재료
通过 tōngguò ~를 통해　　　　　　　　　: 매개나 수단

6 원인, 목적을 나타내는 것

因 yīn ~에 의해, ~ 때문에
因为 yīnwèi ~에 의해, ~ 때문에
由 yóu ~에 의해, ~ 때문에
由于 yóuyú ~에 의해, ~ 때문에　　　　　: 목적, 원인
为 wèi ~에 의해, ~의 원인으로　　　　　: 원인, 목적 (~을 위해, ~할 목적으로)
为了 wèile ~을 위해, ~할 목적으로　　　: 목적 (为着와 동일)

꼼꼼심화 개사와 동사의 비교

1 동사는 중첩할 수 있지만, 개사는 중첩할 수 없습니다.

（○）看看　　　　　（○）学习学习　　　（×）从从　　　（×）沿着沿着

2 동사는 뒤에 동태조사가 올 수 있지만, 개사는 올 수 없습니다.

看了　　　　　　　　看着　　　　　　　　看过
学习了　　　　　　　学(习)着　　　　　　学(习)过
（×）从了, 从着, 从过　（×）沿着了, 沿着着, 沿着过

3 동사는 뒤에 방향보어를 추가할 수 있지만, 개사는 첨가할 수 없습니다.

看下去　　　　　　　看起来　　　　　　学习下去　　　学习起来
（×）从下去, 从起来　　（×）沿着下去, 沿着起来

1　중국어로 작문해보세요

① 저는 댄스를 매우 좋아합니다.　➜

② 그들은 집에 가서 점심을 먹습니다.　➜

③ 우리 놀러 갑시다.　➜

④ 저는 버스를 타고 가지 않습니다.　➜

⑤ 여기선 담배를 피워도 됩니다.　➜

⑥ 저는 차를 마시고 싶습니다.　➜

⑦ 당신은 중국어를 말할 수 있습니까?　➜

⑧ 저는 당신에게 전화를 합니다.　➜

⑨ 그는 당신을 도와줄 겁니다.　➜

⑩ 집에서 회사까지 1시간 걸립니다.　➜

2　뜻이 통하도록 배열하여 문장을 완성하세요.

① 去　买　商店　妈妈　东西　➜

② 自行车　学校　去　他　骑　➜

③ 非常　学习　想　他　中文　➜

④ 一天　能　五　稿子　篇　不　写　他　➜

⑤ 操场　去　足球　踢　大家　➜

⑥ 现在　就　吧　我们　走　➜

⑦ 搞完　这　工作　个　得　我　➜

⑧ 这　应该　看　我们　本　小说　➜

⑨ 开　我　汽车　能　➜

⑩ 我　今天　舞会　参加　的　愿意　➜

3 한국어로 해석해보세요.

① Wǒ yào huāchá. →

② Wǒmen zǒuzhe qù. →

③ Kuài lái chī fàn. →

④ Nǐmen yīnggāi nǔlì xuéxí. →

⑤ Nǐ xiǎng hē píjiǔ ma? →

4 ( ) 안에 알맞은 개사를 써넣으세요.

① 我们(　　　)食堂吃饭。

② 他们(　　　)远处看。

③ 你家(　　　)车站远不远?

④ 我们(　　　)四月一号开始学习中文。

⑤ 他(　　　)我介绍了北京的情况。

⑥ (　　　)美好的明天，我们应该努力学习。

⑦ 这辆火车(　　　)南开。

⑧ 我每天晚上(　　　)八点(　　　)十点听中文广播。

⑨ 她的中文水平(　　　)你差不多。

⑩ 我(　　　)高中时认识她。

10장 진행형 · 지속형

중국어의 동사는 형태의 변화가 없습니다. 따라서 시제, 완료, 경험, 지속, 진행 등을 나타낼 때는 동태조사를 붙여서 표시합니다.

他们正在学习中文呢。 그들은 중국어 공부 중입니다.
Tāmen　zhèngzài　xuéxí　Zhōngwén　ne.

진행형 '~하고 있는 중이다'

她正在做什么呢?
그는 무엇을 하고 있나요?

1. 긍정문

주어 +
正
在
正在
부사
+ 동사 (+ 목적어) (+ 呢)

어기조사 呢는 생략이 가능

他们正吃饭(呢)。 Tāmen zhèng chī fàn (ne). 그들은 마침 식사 중입니다.
爸爸看报呢。 Bàba kàn bào ne. 아버지는 신문을 읽고 계십니다.

2. 부정문 : 주어 + 没有 + 동사 (+ 목적어)

正 / 在 / 正在를 쓰지 않는다.

他没有看报。 Tā méiyǒu kàn bào. 그는 신문을 읽고 있지 않습니다.

3. 의문문 : 吗의문문이 일반적이지만 의문대사 什么를 사용하는 형태도 있습니다.

주어 +
正
在
正在
+ 동사 (+ 목적어) + 吗?

你正在看书吗? Nǐ zhèngzài kàn shū ma? (당신은) 책을 읽고 있습니까?
你在做什么(呢)? Nǐ zài zuò shénme (ne)? (당신은) 무엇을 하고 있습니까?

보충 姐姐在洗衣服(呢)。 Jiějie zài xǐ yīfu (ne). 누나는 세탁을 하고 있습니다.
他正在换衣服。 Tā zhèngzài huàn yīfu. 그는 옷을 갈아입는 중입니다.
对不起，他正在打电话。 Duì bu qǐ, tā zhèngzài dǎ diànhuà. 죄송합니다, 그는 지금 통화중입니다.
他们在图书馆看书呢。 Tāmen zài túshūguǎn kàn shū ne. 그들은 도서관에서 책을 읽고 있습니다.
他没有唱歌。 Tā méiyǒu chàng gē. 그는 노래를 부르고 있지 않습니다.
你正在写信吗? Nǐ zhèngzài xiě xìn ma? 편지를 쓰고 있습니까?

➡ 是的。 Shì de. ／ 对。我正在写信。 Duì. Wǒ zhèngzài xiěxìn.
　 그렇습니다. 저는 편지를 쓰고 있는 중입니다.

➡ 没有。我正在看书呢。 Méiyǒu. Wǒ zhèngzài kàn shū ne.
　 아니오, 저는 책을 읽고 있는 중입니다.

➡ 我没在写信，我正在看书呢。 Wǒ méi zài xiě xìn, Wǒ zhèngzài kàn shū ne.
　 저는 편지를 쓰고 있지 않습니다. 저는 책을 읽고 있는 중입니다.
　 (부정으로 답하는 경우 没在를 사용할 때도 있습니다.)

동사에 동태조사 着를 붙이면 '동작의 진행 중'이나 '동작·상태의 지속'을 나타냅니다.

① **긍정문** : 주어 + 동사 + 着 (+ 목적어) (+ 呢)

목적어에 한정어가 없으면 보통 呢를 붙입니다.

② **부정문** : 주어 + 没(有) + 동사 + 着 (+ 목적어)

술어동사가 목적어를 동반하는 경우에는

着를 생략할 수 있습니다.

③ **의문문** : 주어 + 동사 + 着 (+ 목적어) + (呢) + 吗?
주어 + 동사 + 着 (+ 목적어) + 没有?

着는
심리동사(喜欢, 爱, 知道),
일회성 동작의 동사
(来, 去)에는
쓰지 않습니다.

보충 1　妈妈做着饭呢。 Māma zuòzhe fàn ne. 어머님은 밥을 짓고 계십니다. 〈동작의 진행 중〉
门开着呢。 Mén kāizhe ne. 문이 열려 있습니다. 〈동작·상태의 지속〉
老师在讲台上站着。 Lǎoshī zài jiǎngtáishang zhànzhe.
선생님은 교단에 서 있습니다. 〈동작·상태의 지속〉

　　2　妈妈没(有)做饭。 Māma méi(yǒu) zuò fàn. 어머님은 밥을 하고 있지 않습니다.
门没(有)开着。 Mén méi(yǒu) kāizhe. 문은 열려 있지 않습니다.
老师没(有)在讲台上站着。 Lǎoshī méi(yǒu) zài jiǎngtáishang zhànzhe.
선생님은 교단에 서 있지 않습니다.
这个信封上没(有)写(着)寄信人的地址。 Zhège xìnfēngshang méi(yǒu) xiě(zhe) jìxìnrén de dìzhǐ.
이 봉투에는 보내는 사람의 주소가 쓰여 있지 않습니다.

　　3　窗户开着(呢)吗? Chuānghu kāizhe(ne) ma? 문은 열려 있습니까?
　　➡ 开着(呢)。 Kāizhe(ne). / 没开着。 Méi kāizhe.
　　　　열려 있습니다. / 열려 있지 않습니다.
墙上挂着油画没有? Qiángshang guàzhe yóuhuà méiyou? 벽에 유화가 걸려 있습니까?
　　➡ 挂着(呢)。 Guàzhe(ne). / 没挂着。 Méi guàzhe.
　　　　걸려 있습니다. / 걸려 있지 않습니다.

　＊　"妈妈做着饭呢。 Māma zuòzhe fàn ne."처럼 동작의 진행과 지속을 동시에 표현할 수도 있습니다.
她们正在谈着话呢。 Tāmen zhèngzài tánzhe huà ne. 그녀들은 마침 이야기를 하는 중입니다.
她正在打着电话呢。 Tā zhèngzài dǎzhe diànhuà ne. 그녀는 마침 전화를 하는 중입니다.

1 동사①에 着를 붙여서 동사②의 수단을 나타냅니다.

他开着车去球场。Tā kāizhe chē qù qiúchǎng. 그는 차를 운전해서 구장에 갑니다.

他们穿着新衣裳参加欢送会。Tāmen chuānzhe xīn yīshang cānjiā huānsònghuì.
그들은 새로운 옷을 입고 환송회에 참가합니다.

我们站着看足球比赛。Wǒmen zhànzhe kàn zúqiú bǐsài. 우리는 서서 축구대회를 봅니다.

2 진행형의 正, 在, 正在, 呢에 着를 함께 쓰면 뜻이 강조됩니다.

外边下着雨呢。Wàibian xiàzhe yǔ ne. 밖에는 비가 오고 있습니다.

你来的时候，我正换着衣服呢。Nǐ lái de shíhou, wǒ zhèng huànzhe yīfu ne.
당신이 왔을 때 저는 옷을 갈아입는 중이었습니다.

我正在和小陈包着饺子呢。Wǒ zhèngzài hé Xiǎo Chén bāozhe jiǎozi ne.
저는 陈씨와 함께 만두를 만드는 중입니다.

★ 在의 용법

1 동사 〈존재를 나타낸다〉

她不在家。Tā bú zài jiā. 그녀는 집에 없습니다.

2 개사 〈장소, 시간을 나타낸다〉

我在食堂吃午饭。Wǒ zài shítáng chī wǔfàn. 저는 식당에서 점심을 먹습니다.

弟弟在晚上看电视。Dìdi zài wǎnshang kàn diànshì. 남동생은 밤에 텔레비전을 봅니다.

3 부사 〈진행을 나타낸다〉

他们在学习中文呢。Tāmen zài xuéxí Zhōngwén ne. 그들은 중국어를 공부하고 있습니다.

11장

완료형

동태조사 了는 동사 뒤에 붙어서, 동작이나 행위가 실현·완료되었음을 표시합니다. 과거·현재·미래의 모든 시점에 사용할 수 있습니다.

我买了三斤桃子。

Wǒ mǎile sān jīn táozi.

저는 복숭아를 3근 샀습니다.

그냥 我买了桃子。라고 하면 문장이 완결되지 않아서 我买了桃子就吃了。처럼 마무리지어야 할 것처럼 느껴집니다. 따라서 뒤에 목적어가 따라올 때는 반드시 한정어(수량사, 형용사)를 붙여줍니다.

① **긍정문** : 주어 + 동사 + 了 + 수량사 / 형용사 + 목적어

　　　　　　주어 + 동사 (+ 목적어) + 了

② **부정문** : 주어 + 没(有) + 동사 + 목적어

　　　　　　　　　　　　　了 는 없어진다

③ **의문문** : 주어 + 동사 (+ 목적어) + 了 + 吗?

　　　　　　주어 + 동사 (+ 목적어) + 了 + 没有?

　　정반의문문　　　　이때의 有 는 생략할 수 없다

보충 1　我买了三斤桃子。Wǒ mǎile sān jīn táozi. 저는 복숭아를 3근 샀습니다.

我买桃子了。Wǒ mǎi táozi le. 저는 복숭아를 샀습니다.

我们照了几张相。Wǒmen zhàole jǐ zhāng xiàng. 우리는 사진을 몇 장 찍었습니다.

我在摊儿买了桃子。Wo zài tānzi mǎile táozi. 저는 노점에서 복숭아를 샀습니다.

我刚写好了作业。Wǒ gāng xiěhǎole zuòyè. 저는 방금 숙제를 다 마쳤습니다. 〈현재〉

昨天我们去看了中国电影。Zuótiān wǒmen qù kànle Zhōngguó diànyǐng.

어제 우리는 중국영화를 보러 갔습니다. 〈과거〉

明天早上我参观了工厂，就去公司。Míngtiān zǎoshang wǒ cānguānle gōngchǎng, jiù qù gōngsī.

내일 아침 저는 공장을 견학하고 나서 회사에 갈 것입니다. 〈미래〉

2　他没(有)买水果。Tā méi(yǒu) mǎi shuǐguǒ. 그는 과일을 사지 않았습니다.

我们没(有)看录像。Wǒmen méi(yǒu) kàn lùxiàng. 우리는 비디오를 보지 않았습니다.

'아직 ~하지 않았다'는 '还没(有) hái méi(yǒu)~呢' 형태를 사용합니다.

我妹妹还没上学呢。Wǒ mèimei hái méi shàngxué ne.

제 여동생은 아직 초등학교에 입학하지 않았습니다.

3　你买了中国地图吗? Nǐ mǎile Zhōngguó dìtú ma? 당신은 중국 지도를 샀습니까?

你买了中国地图没有? Nǐ mǎile Zhōngguó dìtú méiyǒu?

(✕) 你买了中国地图没?

(목적어가 긴 경우에는 '동사 + 了 + 목적어 + 没'의 형태를 취할 수 없습니다.)

你买没买中国地图? Nǐ mǎi méi mǎi Zhōngguó dìtú?

(✕) 你买没有买中国地图? (정반의문문의 경우에는 没有의 有를 생략합니다.)

 **동태조사 了의 특징**

동사 바로 뒤에 붙는 동태조사에는 了, 着, 过 3가지가 있습니다. 동작이 실현·완료되었음을 표시합니다.

1 동작이 완료되었음을 나타냅니다.

她买了一部《辞海》。 Tā mǎile yí bù《CíHǎi》 그녀는 《辞海》를 한 권 샀습니다.

我吃了一个面包。 Wǒ chīle yí ge miànbāo. 저는 빵을 한 개 먹었습니다.

2 동작이 병렬적으로 이어져서 완성을 나타낼 때는 동사②에만 了를 사용합니다.

大会讨论并通过了今年的工作计划。 Dàhuì tǎolùn bìng tōngguòle jīnnián de gōngzuò jìhuà.
올해의 사업계획이 대회에서 통과되었습니다.

今天上午，我们研究并解决了这个问题。
Jīntiān shàngwǔ, wǒmen yánjiū bìng jiějuéle zhège wèntí.
우리는 오늘 오전에 이 문제를 검토하고 해결했습니다.

3 진술문이나 겸어문에서는 통합을 나타내기 위해 동태조사 了를 사용합니다.

我们到这儿来接了新同学。 Wǒmen dào zhèr lái jiēle xīn tóngxué.
우리는 여기로 와서 신입생을 맞이하였습니다.

他请人画了一幅油画。 Tā qǐng rén huàle yì fú yóuhuà.
그는 다른 사람에게 유화를 그려달라고 부탁했습니다.

4 복문에서는 앞의 동작(가정의 동작도 포함)이 완료된 후, 어떤 동작과 상황이 반복되면 일반적으로 앞의 동사 뒤에 了를 사용합니다.

你做了作业，再去玩儿。 Nǐ zuòle zuòyè, zài qù wánr. 너는 숙제를 다 해놓고 놀러 가거라.

听了他的话，我十分感动。 Tīngle tā de huà, wǒ shífēn gǎndòng.
그의 이야기를 듣고 저는 매우 감동했습니다.

5 복문에서는 몇 개의 동작이 이미 완료된 것을 강조하거나 리듬과 어조를 첨가하기 위해 각각의 동사 뒤에 了를 사용합니다.

我买了一份报纸，又买了几份杂志。 Wǒ mǎile yífèn bàozhǐ, yòu mǎile jǐ fèn zázhì.
저는 신문을 한 부 사고 난 후 잡지도 몇 권 샀습니다.

我洗了衣服，洗了床单，还洗了窗帘。 Wǒ xǐle yīfu, xǐle chuángdān, hái xǐle chuānglián.
저는 옷과 침대보를 세탁한 후 커튼도 세탁했습니다.

6 동작이 변화하지 않고 지속되거나 규칙적으로 반복되는 경우에는 了를 사용할 수 없습니다.

（×）他是了上海人。

（○）他是上海人。　Tā shì Shànghǎirén. 그는 상하이 사람입니다.

（×）我每天晚上出去了散步。

（○）我每天晚上出去散步。 Wǒ měitiān wǎnshang chūqù sànbù.
　　나는 매일 밤에 나가서 산책합니다.

（×）我每天上午九点上了班。

（○）我每天上午九点上班。 Wǒ měitiān shàngwǔ jiǔ diǎn shàngbān.
　　나는 매일 오전 9시에 일하러 나갑니다.

（×）我觉得了这样很好。

（○）我觉得这样很好。 Wǒ juéde zhèyang hěn hǎo.
　　나는 이렇게 하는 것이 좋다고 생각합니다.

7 특정한 술어동사 뒤에는 了를 사용하면 안 됩니다.

（×）我同意了这样办。

（○）我同意这样办。 Wǒ tóngyì zhèyang bàn. 저는 이렇게 하는 것에 동의합니다.

（×）他决定了今天下午就走。

（○）他决定今天下午就走。 Tā juédìng jīntiān xiàwǔ jiù zǒu. 그는 오늘 오후에 가기로 했습니다.

＊了가 형용사 뒤에 쓰이면 상태의 변화가 이미 시작된 것을 나타냅니다. 이때는 보통 수량사 목적어가 옵니다.

这块布下水以后短了两寸。 Zhè kuài bù xiàshuǐ yǐhòu duǎnle liǎng cùn.
이 천은 물에 젖은 후 두 치 정도 줄었습니다.

拿出了几件东西，箱子轻了一些。 Náchū le jǐ jiàn dōngxi, xiāngzi qīngle yìxiē.
물건을 몇 개 꺼냈더니 트렁크가 조금 가벼워졌습니다.

꼼꼼심화 어기조사 了의 특징

상황의 변화 또는 새로운 사태의 발생을 예측할 때 사용합니다.

了가 동태조사인지 어기조사인지 판별이 어려울 때는 위치를 확인합시다. 동사의 바로 뒤에 있으면 동태조사, 문장 끝에 놓여 그 앞에 동사가 없는 경우는 어기조사입니다.

〈동태조사〉我写了一封信。 Wǒ xiěle yì fēng xìn.
〈어기조사〉我写信了。 Wǒ xiě xìn le. 저는 한 통의 편지를 썼습니다.

동태조사 了와 어기조사 了가 한 문장 속에 나타날 때도 있습니다. 我写信了와 같이 동태조사를 생략할 때도 있습니다.

我写了信了。 Wǒ xiěle xìn le. 　저는 지금 막 편지를 썼습니다.

경험형 · 임박형 ⊕ 동태조사 过

동태조사 过는 동사 뒤에 붙어서 '~한 적이 있다'는 경험을 표시합니다. 경성으로 읽습니다.

我去过北京。 저는 베이징에 간 적이 있습니다.
Wǒ qùguo Běijīng.

횟수를 나타내는 말은 我吃过一次法国菜。(저는 프랑스 요리를 1번 먹은 적이 있어요)에서처럼 过 뒤, 목적어 앞에 씁니다. 단, 목적어가 사람을 나타내는 명사, 대사일 때는 我见过他一次。(저는 그를 한 번 만난 적이 있습니다)처럼 목적어 뒤에 쓰입니다.

① 긍정문 : 주어 + 동사 + 过 (+ 목적어)

종종 曾经

了 붙이지 않는다.

수식어가 길면 문장 앞으로 보내기도 한다.

② 부정문 : 주어 + 没(有) + 동사 + 过(+ 목적어)

부정문에서는 부사 从来 (여태껏, 이제까지)를 수반하는 일이 자주 있다.

③ 의문문 : 주어 + 동사 + 过 (+ 목적어) + 吗 ?
　　　　　　주어 + 동사 + 过 (+ 목적어) + 没有?
　　　　　　주어 + 동사(过) + 不 + 동사 · 过 (+ 목적어)?

보충

1　我们吃过中国菜。Wǒmen chīguo Zhōngguócài. 우리는 중국요리를 먹은 적이 있습니다.

他曾经在香港住过一年。Tā céngjīng zài Xiānggǎng zhùguo yì nián.
그는 이전에 홍콩에서 1년 산 적이 있습니다.

《铁臂阿童木》这本漫画我看过三次。《Tiěbì Ātóngmù》zhè běn mànhuà wǒ kànguo sān cì.
저는 만화 〈우주소년 아톰〉을 3번 봤습니다.

2　我没看过中国小说。Wǒ méi kànguo Zhōngguó xiǎoshuō. 저는 중국소설을 읽은 적이 없습니다.

我妈妈没有坐过飞机。Wǒ māma méiyǒu zuòguo fēijī.
저의 어머니는 비행기를 타보신 적이 없습니다.

她从来没(有)滑过冰。Tā cónglai méi(yǒu) huáguo bīng.
그녀는 여태껏 스케이트를 타본 적이 없습니다.

3　你来过吗? Nǐ láiguo ma? 당신은 와봤나요?

小王学过韩国语吗? Xiǎo Wáng xuéguo Hánguóyǔ ma? 왕씨는 한국어를 배운 적이 있습니까?

你们住过北京饭店没有? Nǐmen zhùguo Běijīng fàndiàn méiyǒu?
당신들은 베이징호텔에 숙박한 적이 있습니까?

你们听过京戏没有? Nǐmen tīngguo jīngxì méiyǒu? 당신들 경극을 본 적이 있습니까?

你坐(过)没坐过游览车? Nǐ zuò(guo) méi zuòguo yóulǎnchē?
당신은 관광버스를 탄 적이 있습니까?

你去(过)没去过美国? Nǐ qù(guo) méi qùguo Měiguó? 당신은 미국에 간 적이 있습니까?

你学过韩语吗? / 你学过韩语没有? / 你学(过)没学过韩语?
Nǐ xuéguo Hányǔ ma? / Nǐ xuéguo Hányǔ méiyǒu? / Nǐ xué(guo) méi xuéguo Hányǔ?
당신은 한국어를 배운 적이 있습니까?

✚ 学过。Xuéguo. / 没(有)学过。Méi(yǒu) xuéguo. 있습니다. / 없습니다.

 **063 연동문 속의 过**

연동문 속에서 过는 보통 동사② 뒤에 넣습니다.

 我去公园练过太极拳。 Wǒ qù gōngyuán liànguo tàijíquán.
저는 공원에 가서 태극권을 해본 적이 있습니다.
我去看过中国电影。 Wǒ qù kànguo Zhōngguó diànyǐng. 저는 중국영화를 보러 간 적이 있습니다.

064 동작의 완성을 나타내는 过

동태조사 过는 '동작이 확실히 끝났다', '다 했다'라는 뜻을 강조할 때도 사용합니다.

你吃过饭了吗? Nǐ chīguo fàn le ma? 당신은 밥을 먹었습니까?
➡ 吃过了。 Chīguo le. / 还没(有)吃呢。 Hái méi(yǒu) chī ne.
먹었습니다. / 아직 안 먹었습니다.

065 임박형 要~了

가까운 미래에 '곧 ~할 것이다'로 해석됩니다.

주어 + 要 + 동사 + 了

의문형은 吗의문문을 씁니다. 그 답이 부정일 경우에는 还没 ~ 呢를 사용합니다.

보충 他要回家了。 Tā yào huí jiā le. 그는 곧 집에 옵니다.

飞机要降落了。 Fēijī yào jiàngluò le. 비행기는 곧 착륙합니다.

快要放暑假了。 Kuài yào fàng shǔjià le. 곧 여름방학입니다.

樱花快要开了。 Yīnghuā kuài yào kāi le. 곧 벚꽃이 필 듯합니다.

水就要开了。 Shuǐ jiù yào kāi le. 곧 물이 끓을 것입니다.

天就要黑了。 Tiān jiùyào hēi le. 하늘이 막 어두워지려고 합니다.

他们将要离开这儿了。 Tāmen jiāngyào líkāi zhèr le. 그들은 이제 곧 여기를 떠납니다.

学业将要结束了。 Xuéyè jiāngyào jiéshù le. 학업이 이제 곧 끝납니다.

你快要退休了吗? Nǐ kuài yào tuìxiū le ma? 당신은 곧 퇴직하려 합니까?

➡ 对。 Duì. / 是的. Shì de. 네.

➡ 还没(退休)呢。 Hái méi (tuìxiū) ne. 아직 퇴직을 하지 않습니다.

公司快要放假了吗? Gōngsī kuàiyào fàng jià le ma? 회사는 곧 휴가를 시작합니까?

➡ 对。 Duì. / 是的。 Shì de. 네.

➡ 还没(放假)呢。 Hái méi (fàng jià) ne. 아직 방학을 하지 않았습니다.

동태조사 过의 특징

1 동작, 행위가 이미 과거가 되었음을 나타냅니다.

我去过中国。 Wǒ qùguo Zhōngguó. 저는 중국에 간 적이 있습니다.

他学过两年中文。 Tā xuéguo liǎng nián Zhōngwén. 그는 2년간 중국어를 공부한 적이 있습니다.

2 가정의 상황이 이미 과거가 되었음을 나타냅니다.

如果你看过《红楼梦》，就知道它真是一部好书。
Rúguǒ nǐ kànguo 《Hóng Lóu Mèng》, jiù zhīdao tā zhēnshì yí bù hǎo shū.
만약 당신이 《홍루몽》을 읽어봤다면, 그것이 정말로 양서라는 것을 알 것이다.

我尝过北京烤鸭。 Wǒ chángguo Běijīng kǎoyā.
저는 베이징 오리구이를 먹어본 적이 있습니다.

3 형용사 뒤에 쓰일 때는, 과거와 현재를 비교해서 어디가 다른지, 어떻게 변화하고 있는지를 나타냅니다.

我冬天时胖过。 Wǒ dōngtiān shí pàngguo. 저는 겨울에 살이 쪘었습니다.

月底月初，我忙过几天。 Yuè dǐ yuè chū, wǒ mángguo jǐ tiān.
월말과 월초에, 나는 며칠간 바빴습니다.

过와 了의 비교

过	了
이미 과거가 되었음에 중점	'현재'에 중점
이전에 발생하여 현재까지 이어지지 않는 상태	현재까지 이어지고 있는 상태
没 + 동사 + 过	没 + 동사
부정의 명령문 속에 쓰일 수 없다	부정의 명령문 속에 쓰일 수 있다
방향보어와 함께 쓰지 않는다	동사 + 了 + 방향보어
결과보어 뒤에 사용할 수 없다	결과보어 뒤에 사용할 수 있다
동사가 겹칠 때 중간에 쓸 수 없다	동사가 겹칠 때 중간에 쓸 수 있다
동작의 완료를 나타내는 동사술어문의 경우 过와 了를 동시에 사용할 수 있다.	

1 我看过这本书。 Wǒ kànguo zhè běn shū. 저는 이 책을 읽은 적이 있습니다. 〈이미 과거가 됐다〉

我看了这本书。 Wǒ kànle zhè běn shū. 저는 이 책을 읽었습니다. 〈막 완료한 상태〉

2 他做过校长。Tā zuòguo xiàozhǎng.

그는 교장이 된 적이 있습니다. 〈현재는 이미 담당하고 있지 않다〉

他做了校长。Tā zuòle xiàozhǎng. 그는 교장이 됐습니다. 〈현재도 담당하고 있다〉

这部小书我只看过几章。Zhè bù xiǎoshuō wǒ zhǐ kànguo jǐ zhāng.

저는 이 소설을 몇 장(章)정도 읽었을 뿐입니다. 〈현재는 안 읽고 있다〉

这本小说我才看了几章。Zhè běn xiǎoshuō wǒ cái kànle jǐ zhāng.

이 소설을 저는 겨우 몇 장 읽었습니다. 〈현재 읽고 있다〉

3 看过 kànguo ⟺ 没看过 méi kànguo ｜ 学过 xuéguo ⟺ 没学过 méi xuéguo

看了 kànle ⟺ 没看 méi kàn ｜ 学了 xuéle ⟺ 没学 méi xué

4 (○) 别忘了你的朋友。Bié wàngle nǐ de péngyou. 당신의 친구를 잊지 마세요.

(×) 别忘过你的朋友。

(○) 别丢了东西。Bié diūle dōngxi. 물건을 잃어버리지 마세요.

(×) 别丢过东西。

5 (○) 他走了出去。Tā zǒule chūqù. 그는 걸어서 나갔습니다.

(×) 他走过出去。

(○) 他站了起来。Tā zhànle qǐlai. 그는 일어섰습니다.

(×) 他站过起来。

6 总算办成了这件事。Zǒngsuàn bànchéng le zhè jiàn shì. 간신히 이 사건은 처리됐습니다.

上午，才写好了这篇文章。Shàngwǔ, cái xiěhǎo le zhè piān wénzhāng.

오전 중 겨우 이 문장을 다 썼습니다.

(○) 问了问 Wèn le wèn (×) 问过问

(○) 学了学 Xué le xué (×) 学过学

7 午饭我吃过了。Wǔfàn wǒ chīguo le. 저는 점심을 먹었습니다.

《小花》这部电影我已经看过了。《Xiǎohuā》zhè bù diànyǐng wǒ yǐjing kànguo le.

《小花》라는 영화를 저는 벌써 봤습니다.

上海我去过一次了。Shànghǎi wǒ qùguo yí cì le. 상하이에 한 번 간 적이 있습니다.

1 중국어로 작문해보세요.

① 이 봉투에는 보내는 이의 주소가 없습니다. →

② 우리는 중국어를 공부하고 있습니다. →

③ 아버지는 신문을 읽고 계십니다. →

④ 비행기는 곧 착륙합니다. →

⑤ 곧 여름방학입니다. →

⑥ 저는 복숭아를 3근 샀습니다. →

⑦ 그는 과일을 사지 않았습니다. →

⑧ 저는 프랑스요리를 한 번 먹은 적이 있습니다. →

⑨ 저는 베이징에 간 적이 있습니다. →

⑩ (당신은) 무엇을 하고 있습니까? →

2 뜻이 통하도록 단어를 배열하여 문장을 완성하세요.

① 呢　衣服　姐姐　在　洗 →

② 呢　他们　看　图书馆　书　在 →

③ 在　着　讲台上　老师　没有　站 →

④ 做　呢　着　妈妈　饭 →

⑤ 张　照　相　了　我们　几 →

⑥ 去　我　太极拳　练过　公园 →

⑦ 住过　你们　吗　北京饭店 →

⑧ 吗　信　正在　写　你 →

⑨ 离开　了　这儿　他们　将要 →

⑩ 快　开　樱花　要　了 →

3 한국어로 해석해보세요.

① Wǒ mèimei hái méi shàngxué ne. →

② Wǒ jiànguo tā yí cì. →

③ Tā zhèngzài huàn yīfu. →

④ Chuānghu kāizhe ne ma? →

⑤ Tiān jiùyào hēi le. →

4 ( ) 안에 알맞은 동태조사를 써넣으세요.

① 门开(　　)呢。

② 昨天我们去看(　　)中国电影。

③ 墙上挂(　　)油画没有?

④ 我妈妈没有坐(　　)飞机。

⑤ 她正在打(　　)电话呢。

⑥ 你买(　　)中国地图吗?

⑦ 你们听(　　)京戏没有?

⑧ 他曾经在香港住(　　)一年。

⑨ 我刚写好(　　)作业。

⑩ 我没看(　　)中国小说。

13장 정도 보어

보어는 술어(동사, 형용사) 뒤에 붙어서 내용을 더 구체적으로 설명해주는 문장성분입니다. 정도보어, 결과보어, 방향보어, 가능보어, 수량보어가 있습니다.

她唱得很好。

Tā chàngde hěn hǎo.

그녀는 노래를 잘합니다.

정도보어는 술어가 어떤 상태인지, 어떤 모습인지를 보충설명합니다.

066 정도보어를 이끄는 得 - 긍정문

주어 + 동사 + 得 + 보어[형용사]

他　　起　　得　　　　早。　　Tā qǐde zǎo. 그는 일찍 일어납니다.

이런 형태를 취하는 경우, 대부분 동작이나 행위가 이미 완료되었거나 자주 행해지는 동작입니다. 형용사(구), 주부, 보충구도 정도보어가 됩니다.

 你今天来得早。Nǐ jīntiān láide zǎo. 당신은 오늘 일찍 왔습니다. 〈형용사〉

他念得很清楚。Tā niànde hěn qīngchu. 그는 아주 정확하게 읽습니다. 〈형용사구〉

他们跑得满身都是汗。Tāmen pǎode mǎnshēn dōu shì hàn.
그들은 뛰어서 온 몸에 땀이 흘렀습니다. 〈주부〉

她打乒乓球打得好极了。Tā dǎ pīngpāngqiú dǎde hǎo jí le.
그녀는 탁구를 아주 잘 칩니다. 〈보충구〉

067 정도보어를 이끄는 得 - 목적어가 있을 때

주어 + (동사) + 목적어 + 동사 + 得 + 보어[형용사]

목적어가 있을 경우 동사를 반복시키는데,
이때 앞의 동사는 생략해도 좋습니다.

보충 他说汉语说得很流利。Tā shuō Hànyǔ shuōde hěn liúlì. 그는 중국어를 유창하게 말합니다.

她弹钢琴弹得非常好。Tā tán gāngqín tánde fēicháng hǎo. 그녀는 피아노를 잘 칩니다.

她(唱)歌唱得很好。Tā (chàng) gē chàngde hěn hǎo. 그녀는 노래를 잘합니다.

 **068 정도보어를 이끄는 得 – 목적어의 위치**

동사가 목적어를 수반하면서 동사를 반복하지 않는 경우에는 목적어를 주어 또는 동사 앞에 넣습니다.

보충 汉语他说得很流利。 Hànyǔ tā shuōde hěn liúlì. 그는 중국어를 유창하게 말합니다.

钢琴她弹得非常好。 Gāngqín tā tánde fēicháng hǎo. 그녀는 피아노를 잘 칩니다.

= 她钢琴弹得非常好。 Tā gāngqín tánde fēicháng hǎo.

 **069 정도보어를 이끄는 得 – 부정문**

주어 + 동사 + 得 + 不 + 보어[형용사]

정도보어를 부정할 때는 不를 得 뒤에 붙여줍니다.

주어 + 동사 + 목적어 + 동사 + 得 + 不 + 보어[형용사]

보충 (○) 她吃得不多。 Tā chīde bù duō. 그녀는 많이 먹지 않습니다.

(×) 她不吃得多。

(○) 她吃东西吃得不快。 Tā chī dōngxi chīde bú kuài. 그녀는 천천히 먹습니다.

(×) 她不吃东西吃得快。

 **070 정도보어를 이끄는 得 – 의문문**

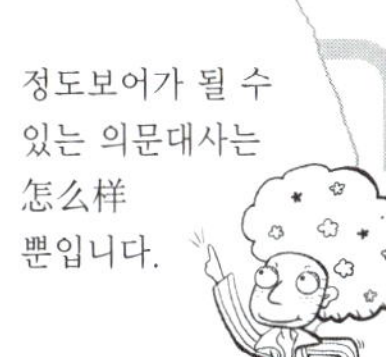

> 주어 + 동사 + 得 + 보어[형용사] + 吗?
>
> 주어 + 동사 + 得 + 보어[형용사]·不·보어?
>
> 주어 + 동사 + 得 + 怎么样?

보충
你跑得快吗? Nǐ pǎode kuài ma? 당신은 빨리 달립니까?
她说法语说得好吗? Tā shuō Fǎyǔ shuōde hǎo ma? 그녀는 프랑스어를 잘합니까?
你休息得好不好? Nǐ xiūxide hǎo bu hǎo? 잘 쉬었습니까?
她写字写得好不好? Tā xiě zì xiěde hǎo bu hǎo? 그녀는 글을 잘 씁니까?
他说得怎么样? Tā shuōde zěnmeyàng? 그의 말솜씨 어때요?
她跳舞跳得怎么样? Tā tiào wǔ tiàode zěnmeyàng? 그녀의 춤은 어때요?

 **071 강조하는 정도보어 得+很**

> ① 得 뒤에 정도부사가 와서 '굉장히', '몹시'처럼 상태의 정도를 강조할 수 있습니다.
>
> ② 관용적으로 得很, 得要命 de yàomìng, 得慌 de huāng, 得多 de duō, 得不得了 de bùdéliǎo, 得了不得 de liǎobude 등이 많이 쓰입니다.
>
> ③ 得 없이 ~极了, ~多了, ~死了, ~坏了가 올 수도 있습니다.

보충
1 今天天气好得很。 Jīntiān tiānqì hǎode hěn. 오늘 날씨가 아주 좋습니다.
　我们高兴得很。 Wǒmen gāoxìngde hěn. 우리는 아주 기쁩니다.

2 这几天闷热极了。 Zhè jǐtiān mēnrè jí le. 요 며칠 아주 덥습니다.
　他身体好多了。 Tā shēntǐ hǎo duō le. 그는 컨디션이 훨씬 좋아졌습니다.

1 동사, 형용사, 대사를 수식합니다. 명사나 수량사는 수식할 수 없습니다. 다만 이 두 개의 품사가 술어로 오는 명사술어문에 한해서 시간·범위부사가 수식할 수 있습니다.

① 동사를 수식

马上来 mǎshàng lái 곧 온다　　经常去 jīngcháng qù 자주 간다

最爱 zuì'ài 가장 좋아하다　　非常怀念 fēicháng huáiniàn 아주 그립다

② 형용사를 수식

很好 hěn hǎo 좋다　　美极了 měi jí le 아주 아름답다

不干净 bù gānjìng 청결하지 않다　　漂亮得很 piàoliangde hěn 아주 예쁘다

③ 대사를 수식

(昨晚就)已经那样了。(Zuówǎn jiù) yǐjing nàyàng le. (어젯밤부터) 이미 그 모양이었다.

就这样吧。Jiù zhèyàng ba. 그럼 이렇게 합시다.

就那么样吧。Jiù nàmeyàng ba. 그럼 그렇게 합시다.

④ 명사술어문

明天就星期六了。Míngtiān jiù xīngqīliù le. 내일은 벌써 토요일입니다. 〈시간〉

今天才二十号。Jīntiān cái èrshí hào. 오늘은 겨우 20일입니다. 〈시간〉

他已经过五十了。Tā yǐjing guò wǔshí le. 그는 벌써 50세가 넘었습니다. 〈시간〉

这些水果一共五元钱。Zhèxiē shuǐguǒ yígòng wǔ yuán qián.
이 과일들은 합쳐서 5위엔입니다. 〈범위〉

2 주로 부사어로 사용되고 일부 정도부사는 보어가 될 수 있습니다.

大家都来了。Dàjiā dōu lái le. 모두 다 왔습니다.

你别说。Nǐ bié shuō. 말하지 마세요.

那小姑娘十分活泼。Nà xiǎo gūniang shífēn huópo. 그 여자아이는 아주 활발합니다.

这孩子非常聪明。Zhè háizi fēicháng cōngmíng. 이 아이는 아주 똑똑합니다.

您的招待周到得很。Nín de zhāodài zhōudàode hěn. 당신의 접대는 아주 빈틈없습니다. 〈보어〉

我恨极了。Wǒ hèn jí le. 아주 미워 죽겠어요. 〈보어〉

3 단독으로 질문에 답할 수 없습니다. 다만 不, 一定, 也许 등 극히 소수의 긍정·부정·추측의 뜻을 나타내는 말은 단독으로 답할 수 있습니다.

你今天能参加吗? Nǐ jīntiān néng cānjiā ma? 오늘 참가할 수 있습니까?

　➡ 一定。Yídìng. 반드시요.

4 중첩할 수 없습니다. 정반의문문으로 쓰일 수도 없습니다.

(×) 他很很爱文学。 （×） 你再不再来?

(×) 我从来从来不吸烟。 （×） 他的水平相当不相当高?

5 허사(주로 접속사)와 함께 사용하여 호응관계를 나타냅니다.

只有…才 zhǐyǒu…cái …해야만 ~하다

如果…就 rúguǒ…jiù 만약 …라면

即使…也 jíshǐ…yě 설사 …하더라도

不但…还 búdàn…hái …뿐만 아니라

无论…都 wúlùn…dōu …에도 불구하고

越…越 yuè…yuè …하면 할수록

一…就 yī…jiù …하면 ~하다

부사와 형용사의 비교

부사	형용사
동사 앞에 온다	
수식의 기능이 있다	
명사를 수식할 수 없다	명사를 수식할 수 있다
정반의문문을 만들 수 없다	정반의문문을 만들 수 있다
단독으로 답할 수 없다	단독으로 답할 수 있다

1 聪明的孩子 cōngming de háizi ｜ 勇敢的行为 yǒnggǎn de xíngwéi

(×) 很孩子 ｜（×） 时常行为

2 好不好? Hǎo bu hǎo? ｜ 热情不热情 rèqíng bu rèqíng

(×) 都不都? ｜（×） 大概不大概?

3 这件衣服怎么样? Zhè jiàn yīfu zěnmeyàng? 이 옷 어때요?

➡ 漂亮。 Piàoliang. 아름다워요.

你吃过饭了吗? Nǐ chīguo fàn le ma? 식사 하셨어요?

➡ (×) 已经。 （不, 也许 등의 소수 부사 제외）

14장

결과보어 · 수량보어

결과보어는 '吃(먹고) → 饱(배부르다)', '看(보고) → 完(끝내다)', '写(쓰다가) → 错(틀리다)'처럼, 동사 바로 뒤에 붙어서 '동작의 결과'를 설명하는 성분입니다.

吃饱了吗? 배불리 먹었습니까?
Chībǎo le ma?

결과보어 외에, '며칠 동안', '몇 회' 등 숫자로 표시되는 내용을 보충하는 수량보어도 있습니다.

072 결과보어 – 긍정문·부정문·의문문

① 긍정문 : 주어 + 동사 + 결과보어 + 목적어

② 부정문 : 주어 + 没(有) + 동사 + 결과보어 + 목적어

* '아직 ~ 결과를 보지 못했다'라는 뜻의 '还没(有) ~ 呢' 문형이 자주 사용됩니다.

③ 의문문 : 吗의문문
　　　　　정반의문문(~ 了没有?)

보충 1　我看完那本书了。Wǒ kànwán nà běn shū le. 저는 그 책을 다 읽었습니다. 〈완전히, 다) ~하다〉
我们听懂了老师讲的话。Wǒmen tīngdǒng le lǎoshī jiǎng de huà.
우리는 선생님의 말을 알아들었습니다. 〈이해하다〉
屋子早就收拾好了。Wūzi zǎojiù shōushihǎo le.
방은 일찍이 다 정리했습니다. 〈끝나다(완료하다), 본래 상태로 되돌아감〉
我已经记住了这一课的生词。Wǒ yǐjīng jìzhùle zhè yí kè de shēngcí.
나는 이 과의 새로운 단어를 이미 암기했습니다. 〈잘 암기하다〉
我写错过这个汉字。Wǒ xiěcuòguo zhège Hànzì.
나는 이 한자를 틀리게 쓴 적이 있다. 〈틀리게 쓰다〉

2　他没有做完练习。Tā méiyǒu zuòwán liànxí. 그는 연습을 아직 끝내지 못했습니다.
我没有听明白你的话。Wǒ méiyǒu tīngmíngbai nǐ de huà.
나는 당신의 말을 완전히 이해하지 못합니다.
我们没有买到中文课本。Wǒmen méiyǒu mǎidào Zhōngwén kèběn.
우리는 중국어 교과서를 구입하지 못했습니다.
我还没(有)学会汉语呢。Wǒ hái méi(yǒu) xuéhuì Hànyǔ ne.
저는 아직 중국어를 습득하지 못했습니다.

3　你听懂中文广播了吗? Nǐ tīngdǒng Zhōngwén guǎngbō le ma?
당신은 중국방송을 알아들었습니까?
他睡着了吗? Tā shuìzháo le ma? 그는 잠들었습니까? 〈睡着 – 잠들다〉
你看见她了没有? Nǐ kànjiàn tā le méiyou?
당신은 그녀를 봤습니까? 〈看见 – 눈에 들어오다, 보이다, 보다〉
你吃完饭了没有? Nǐ chīwán fàn le méiyǒu? 당신은 밥을 먹었습니까?

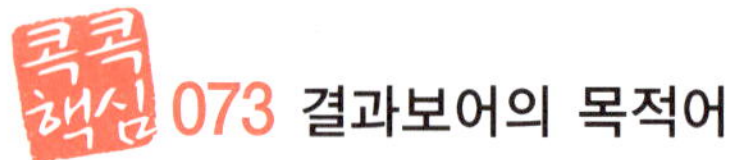 **073 결과보어의 목적어**

결과보어 문장에서 목적어는 문장 앞에 올 수 있습니다.

 那封信我已经写好了。 Nà fēng xìn wǒ yǐjīng xiěhǎo le. 그 편지를 저는 벌써 다 썼습니다.
那本小说你看完了吗? Nà běn xiǎoshuō nǐ kànwán le ma? 그 소설을 당신은 다 읽었습니까?
这部电影我没有看懂。 Zhè bù diànyǐng wǒ méiyǒu kàndǒng. 이 영화를 나는 이해하지 못했습니다.

 **074 수량보어**

'동작의 횟수'를 나타내는 동량보어와, '동작의 지속 및 시간'을 나타내는 시량보어가 있습니다.

숫자로 표시되는 내용(동작의 횟수, 시간)을 나타내는 것을 수량보어라고 합니다.

① **기본형** : 주어 + 동사 + 수량보어

② **목적어가 올 경우** : 주어 + <u>동사</u> + 목적어 + <u>동사</u> + 수량보어

③ **동량보어** : 수사 + 동량사(次, 遍, 下)

 1 他休息了五天。 Tā xiūxile wǔ tiān. 그는 5일간 쉬었습니다.
我一天睡八个小时。 Wǒ yì tiān shuì bā ge xiǎoshí. 나는 하루에 8시간 잡니다.

2 他练太极拳练了三年。 Tā liàn tàijíquán liànle sān nián. 그는 3년간 태극권을 연습했습니다.
弟弟看电视看了一个晚上。 Dìdi kàn diànshì kànle yí ge wǎnshang.
남동생은 밤새도록 텔레비전을 봤습니다.
他们学汉语学了四年。 Tāmen xué Hànyǔ xuéle sì nián. 그들은 중국어를 4년 배웠습니다.

3 上午她们来过两次。 Shàngwǔ tāmen láiguo liǎng cì. 오전에 그녀들이 2번 왔었습니다.
这些汉字我写了三遍才学会。 Zhèxiē Hànzì wǒ xiěle sān biàn cái xuéhuì.
저는 이 한자들을 3번 쓴 후에 겨우 습득했습니다.
钟打了三下。 Zhōng dǎle sān xià. 시계가 3번 울렸습니다.

[동사 + 결과보어(동사)]

听懂 tīngdǒng	알아듣다	搬动 bāndòng	이동하다
看懂 kàndǒng	알아보다	挑动 tiǎodòng	메고 운반하다
做完 zuòwán	완전히 / 다 ~하다 / 끝내다	变成 biànchéng	~으로 변화하다
卖完 màiwán	매진되다	写成 xiěchéng	다 쓰다, 탈고하다
听见 tīngjiàn	들리다	吹倒 chuīdǎo	불어서 쓰러뜨리다
看见 kànjiàn	보이다	摔倒 shuāidǎo	엎어지다 / 자빠지다
记住 jìzhù	확실히 기억하다	扔掉 rēngdiào	내던지다 / 내버리다
站住 zhànzhù	멈추어 서다	擦掉 cādiào	닦아내다
买到 mǎidào	(~을 사서) 입수하다 / 사들이다	熟透 shútòu	숙지하다
学到 xuédào	~까지 공부하다	湿透 shītòu	흠뻑 젖다

[동사 + 결과보어(형용사)]

说错 shuōcuò	잘못 말하다	喝多 hēduō	과음하다
听错 tīngcuò	잘못 듣다	穿多 chuānduō	너무 많이 입다
洗干净 xǐgānjìng	깨끗이 씻다	学好 xuéhǎo	다 배우다
扫干净 sǎogānjìng	깨끗이 쓸다	做好 zuòhǎo	해내다
听清楚 tīngqīngchu	분명히 듣다	卖光 màiguāng	매진되다
说清楚 shuōqīngchu	분명히 말하다	用光 yòngguāng	모두 사용하다

15장

방향보어

방향보어는 동작에 방향성을 부여해주는 来, 去 등의 동사입니다. 경성으로 읽습니다.

他出去了。 그는 (밖으로) 나갔습니다.
Tā chūqu le.

来·去 동사에 上·下·进·出·回·过·起 등이 함께 쓰이면 뜻이 세분화됩니다. 가령 他跑出去了。 Tā pǎochūqu le. (그는 뛰어나갔다)처럼 말입니다. 전자를 단순방향보어, 후자를 복합방향보어라고 합니다.

 **075 단순방향보어 - 来 · 去**

① 주어 + 동사 + 来 / 去

② 주어 + 동사 (+ 장소목적어) + 来 / 去

목적어가 장소이면 동사와 방향보어 사이

목적어에 수식어가 있으면 방향보어 뒤에 쓰일 수도 있다.

보충 1 李先生, 请进来吧。 Lǐ xiānsheng, qǐng jìnlai ba. 이선생님, 들어오세요

他出去了。 Tā chūqu le. 그는 나갔습니다.

我回来了。 Wǒ huílai le. 나는 돌아왔습니다.

2 请到楼上来吧。 Qǐng dào lóushàng lái ba. 2층으로 오세요.

他回办公室去了。 Tā huí bàngōngshì qù le. 그는 사무실로 돌아갔습니다.

我们要带去相机。 Wǒmen yào dàiqu xiàngjī. 우리는 카메라를 가져갈 예정입니다.

= 我们要带相机去。 Wǒmen yào dài xiàngjī qù .

 **076 단순방향보어 - 上 · 下 · 进 · 出 · 回 · 过 · 起**

① 飞**上** fēishang 날아오르다 : 아래에서 위로의 이동

② 走**下** zǒuxia 걸어 내려오(가)다 : 위에서 아래로의 이동

③ 跳**进** tiàojin 뛰어들다 : 밖에서 안으로의 이동

④ 拿**出** náchu 꺼내다 : 안에서 밖으로의 이동

⑤ 跑**回** pǎohui 뛰어 돌아오(가)다 : 본래 있던 장소로 돌아오(가)는 것

⑥ 走**过** zǒuguo 지나쳐 가다 : 통과

⑦ 站**起** zhànqǐ 일어서다 : 낮은 곳에서 높은 곳으로의 방향

주어 + 동사 + 복합방향보어 (+ 장소목적어) + **来 / 去**

장소목적어는 来 / 去 앞

사람·사물 목적어는 来 / 去 앞이나 뒤, 모두 가능!

电话来了, 他就跑 下楼去 了。 Diànhuà lái le, tā jiù pǎoxià lóu qù le.
전화가 와서, 그는 바로 뛰어 내려갔습니다.
他唱 起歌来 了。 Tā chàngqǐ gē lái le. 그는 노래를 부르기 시작했습니다.

	上 Shàng	下 xià	进 jìn	出 chū	回 huí	过 guò	起 qǐ
来	上来 -shanglai	下来 -xialai	进来 -jinlai	出来 -chulai	回来 -huilai	过来 -guolai	起来 -qilai
去	上去 -shangqu	下去 -xiaqu	进去 -jinqu	出去 -chuqu	回去 -huiqu	过去 -guoqu	起去 -qiqu

- 走上来 걸어 올라오다 | 走上去 걸어 올라가다
  zǒushanglai zǒushangqu
- 走进来 걸어 들어오다 | 走进去 걸어 들어가다
  zǒujinlai zǒujinqu
- 走过来 걸어오다 | 走过去 걸어가다
  zǒuguolai zǒuguoqu
- 走下来 걸어 내려오다 | 走下去 걸어 내려가다
  zǒuxialai zǒuxiaqu
- 走出来 걸어 나오다 | 走出去 걸어 나가다
  zǒuchulai zǒuchuqu

李先生走过来了。 Lǐ xiānsheng zǒuguolai le. 이선생님은 (걸어서) 왔습니다.
他们走进去了。 Tāmen zǒujinqu le. 그들은 (걸어서) 들어갔습니다.
大家走下去了。 Dàjiā zǒuxiaqu le. 모두 걸어서 내려갔습니다.
我寄回去两封信。 Wǒ jìhuiqu liǎng fēng xìn.
我寄回两封信去。 Wǒ jìhuí liǎng fēng xìn qù. 나는 편지 2통을 반송했습니다.
从会议室走出来一个人了。 Cóng huìyìshì zǒuchulai yí ge rén le.
从会议室走出一个人来了。 Cóng huìyìshì zǒuchū yí ge rén lái le.
회의실에서 한 사람이 걸어 나왔습니다.

 **078** 방향보어 – 부정문

방향보어는 没(有)로 부정합니다.

 我没有带雨伞来。 Wǒ méiyǒu dài yǔsǎn lái. 저는 우산을 가져오지 않았습니다.

他们没回宿舍去。 Tāmen méi huí sùshè qù. 그들은 기숙사로 돌아가지 않았습니다.

我没(有)带回来中文课本。 Wǒ méi(yǒu) dàihuilai Zhōngwén kèběn.

= 我没(有)带回中文课本来。 Wǒ méi(yǒu) dàihui Zhōngwén kèběn lái.

저는 중국어 교과서를 안 가지고 돌아왔습니다.

079 방향보어 – 了의 위치

---

① 목적어가 없을 때
복합방향보어 뒤에 올 수도 있고 술어동사 바로 뒤(복합방향보어 앞)에 올 수도 있다.

他们走进来了。 Tāmen zǒujinlai le.

他们走了进来。 Tāmen zǒu le jìnlai. 그들은 걸어 들어왔습니다.

② 목적어가 있는 경우
반드시 문장 끝에 온다.

他们走进咖啡馆来了。 Tāmen zǒujin kāfēiguǎn lái le. 그들은 커피숍으로 걸어 들어왔습니다.

上

1) 목적이 이루어지다

门我锁上了。Mén wǒ suǒshang le. 문은 제가 잘 잠갔습니다.

2) ~하게 되다, ~하기 시작하다

我爱上她了。Wǒ àishang tā le. 저는 그녀를 좋아하게 됐습니다.

下

동작의 완성 또는 그 결과

她给我留下了很深刻的印象。Tā gěi wǒ liúxia le hěn shēnkè de yìnxiàng.
그녀는 저에게 깊은 인상을 남겼습니다.

来

看, 听, 说, 想 + 来 : 어떠한 면에서 추측하고 있다

他看来身体很健康。Tā kànlai shēntǐ hěn jiànkāng.
그는 보기에 아주 건강한 듯합니다.

过

사물이 어떤 곳에서 다른 곳으로 이동 또는 방향을 바꾸는 상태

他回过头看一看林老师。Tā huíguo tóu kànyikàn Lín lǎoshī.
그는 고개를 돌려 임선생님을 잠시 봅니다.

出来

1) 무엇인가를 발견, 식별하다

听她的口音，我听出来她是北方人。
Tīng tā de kǒuyīn, wǒ tīngchulai tā shì běifāng rén.
그녀의 발음을 듣고 나는 그녀가 북방 사람임을 알았습니다.

2) 무언가가 완성되다

他写出来了一本小说。Tā xiěchulai le yì běn xiǎoshuō.
그는 소설 한 권을 탈고했습니다.

下来

1) 어떤 결과에 도달하여 그 상태가 이어지고 있다

我把公司的总机号码记下来了。Wǒ bǎ gōngsī de zǒngjī hàomǎ jìxialai le.
저는 회사의 대표번호를 적어두었습니다.

2) 형용사 + ~ : 상태가 변화하다

天黑下来了。Tiān hēixialai le. 하늘이 어두워졌습니다.

下去

동작이나 상태가 그대로 지속되다

天气一天比一天冷下去。Tiānqì yì tiān bǐ yì tiān lěngxiaqu.
날씨가 하루가 다르게 추워집니다.

过来　1) 방향을 바꿔서 이쪽을 향하게 되다

她把大衣翻过来晒一晒。Tā bǎ dàyī fānguolai shàiyishài.
그녀는 외투를 뒤집어서 햇볕에 말립니다.

2) 본래의 정상적인 상태로 되돌리다

她从昏迷中醒过来了。Tā cóng hūnmízhōng xǐngguolai le.
그녀는 혼수상태에서 깨어났습니다.

3) 不 + 过来 : 충분하지 않다

工作太多，实在忙不过来。Gōngzuò tài duō, shízài mángbuguòlai.
일이 너무 많아서 매우 바쁩니다.

过去　1) 방향을 바꿔서 저쪽을 향하다

他转过身去，走掉了。Tā zhuǎnguo shēnqu, zǒudiào le.
그는 몸을 돌려서 가버렸습니다.

2) 본래의 정상적인 상태를 잃다.

他晕过去了。Tā yūnguoqu le. 그는 정신을 잃었습니다.

起来　1) 동사 · 형용사 + 起来 : 동작 · 상태가 시작되다

大家都笑起来了。Dàjiā dōu xiàoqilai le. 모두 웃기 시작했습니다.

2) 일부 동사 + 起来 : (실제로) ~해보니

学好中文，说起来容易，做起来难。
Xuéhǎo Zhōngwén, shuōqilai róngyi, zuòqilai nán.
중국어를 마스터한다는 것은, 말로는 쉽지만 행하는 것은 어렵다.

16장 가능보어

'할 수 있다', '할 수 없다'를 능원동사(能, 可以, 会) 없이 표현할 수도 있습니다.
동사와 결과보어·방향보어의 사이에 得·不를 넣는 가능보어를 씁니다.

今天晚上你回得来吗? 오늘 밤 당신은 돌아올 수 있습니까?

Jīntiān wǎnshang nǐ huídelái ma?

가능보어는 회화체에서 즐겨 쓰는데 특히 부정형을 많이 씁니다.

 **080 가능보어 – 긍정문 · 부정문 · 의문문**

① 긍정문 : 주어 + 동사 + 得 + 결과보어 / 방향보어 (+ 목적어)

② 부정문 : 주어 + 동사 + 不 + 결과보어 / 방향보어 (+ 목적어)

③ 의문문 : 吗의문문
　　　　　　반복의문문

보충 1　你说得很慢, 我听得懂。 Nǐ shuōde hěn màn, wǒ tīngdedǒng.
　　　　당신은 천천히 말하므로, 저는 알아듣습니다.
　　　　我买得起电脑。 Wǒ mǎideqǐ diànnǎo. 저는 [경제적으로] 컴퓨터를 살 수 있습니다.
　　　　我们吃得来生鱼片。 Wǒmen chīdelái shēngyúpiàn. 저희들은 회를 먹을 수 있습니다.

　　　2　你说得太快, 我听不懂。 Nǐ shuōde tài kuài, wǒ tīngbudǒng.
　　　　당신은 말이 빨라서, 저는 못 알아듣겠습니다.
　　　　天儿太晚了, 他回不来了。 Tiānr tài wǎn le, tā huíbulái le.
　　　　날이 어두워져서 그는 돌아올 수 없었습니다.
　　　　东西不多, 我买不到了。 Dōngxi bù duō, wǒ mǎibudào le. 물건이 얼마 없어서, 저는 살 수 없었습니다.
　　　　那座山太高, 我们爬不上去。 Nà zuò shān tài gāo, wǒmen pábushàngqu.
　　　　저 산은 너무 높아서 우리가 올라갈 수 없습니다.
　　　　他字写得太小, 我看不见。 Tā zì xiěde tài xiǎo, wǒ kànbujiàn.
　　　　그의 글자는 너무나 작아서 저는 못 읽습니다.

　　　3　你写得完今天的报告吗? Nǐ xiědewán jīntiān de bàogào ma?
　　　　당신은 오늘의(오늘 주어진) 리포트를 다 쓸 수 있겠습니까?
　　　　今天晚上你回得来吗? Jīntiān wǎnshang nǐ huídelái ma?
　　　　오늘 밤 당신은 돌아오실 수 있겠습니까?
　　　　你看得懂看不懂中文报? Nǐ kàndedǒng kànbudǒng Zhōngwén bào?
　　　　당신은 중국어 신문을 읽을 수 있습니까?
　　　　➠ 看得懂。 Kàndedǒng. / 看不懂。 Kànbudǒng
　　　　　　읽을 수 있습니다. / 읽지 못합니다.
　　　　他干得好干不好这个工作? Tā gàndehǎo gànbuhǎo zhège gōngzuò?
　　　　그는 이 일을 해낼 수 있습니까?
　　　　➠ 干得好。 Gàndehǎo. / 干不好。 Gànbuhǎo.
　　　　　　해낼 수 있습니다. / 해낼 수 없습니다.

 **081 가능보어가 되는 동사와 형용사**

吃不了 chībuliǎo 너무 많아서 먹을 수 없다
吃不起 chībuqǐ 돈이 없어서 먹을 수 없다
吃不到 chībudào 존재하지 않아서 먹을 수 없다

(126페이지 「 여러 가지 가능보어」 참고)

(보충) 看不完 끝까지 다 읽을 수 없다 ⇨ 看得完 다 읽을 수 있다
kànbuwán   kàndewán

买不到 [물건이 없어서] 살 수 없다 ⇨ 买得到 살 수 있다
mǎibudào   mǎidedào

买不起 [경제적으로] 살 수 없다 ⇨ 买得起 살 경제력이 있다
mǎibuqǐ   mǎideqǐ

赶不上 따라붙을 수 없다, (약속시간에) 못 맞추다 ⇨ 赶得上 따라붙을 수 있다
gǎnbushàng   gǎndeshàng

进不去 들어갈 수 없다 ⇨ 进得去 진입이 가능하다
jìnbuqù   jìndequ

 082 가능보어 – 목적어의 위치

목적어는 일반적으로 가능보어 뒤에 옵니다. 그러나 목적어가 길고 복잡한 경우에는
보통 문장 앞에 놓습니다.

(보충) 我听不懂你的话。Wǒ tīngbudǒng nǐ de huà. 저는 당신이 말하는 것을 이해 못합니다.
你拿得动这么重的行李吗? Nǐ nádedòng zhème zhòng de xíngli ma?
당신은 이렇게 무거운 짐을 들 수 있습니까?
我星期天寄出去的信, 星期二收得到吗? Wǒ xīngqītiān jìchuqu de xìn , xīngqī'èr shōudedào ma?
제가 일요일에 보낸 편지는 화요일에 도착할 수 있습니까?

 **083 가능보어 – 能·可以와의 병용**

구어체에서는 능원동사보다 가능보어를 자주 사용합니다. 능원동사와 가능보어를
병용해서 강조의 뉘앙스를 나타낼 때도 있습니다.

보충 这本小说你今天可以看得完吗? Zhè běn xiǎoshuō nǐ jīntiān kěyǐ kàndewán ma?
이 소설을 당신은 오늘 다 읽을 수 있습니까?

상대방에게 '허가를 구할 때'는 능원동사만을 사용합니다.

（○） 我可以进来吗? Wǒ kěyǐ jìnlai ma? 들어가도 괜찮겠습니까?

（×） 我进得来吗?

 **084 특수한 가능보어① – 得了·不了**

① '다 끝내다'의 뜻을 강하게

吃得了 chīdeliǎo 다 먹을 수 있다　　喝不了 hēbuliǎo 다 마실 수 없다

② '할 수 있다', '할 수 없다'의 뜻을 강하게

来得了 láideliǎo 올 수 있다　　　　去不了 qùbuliǎo 갈 수 없다

 **085 특수한 가능보어② – 得·不得**

'~得。'는 긍정형(~할 수 있다), '~不得。'는 부정형(~할 수 없다)이 됩니다.
모두 경성으로 발음합니다.

这种野草吃得吗? Zhè zhǒng yěcǎo chīde ma? 이 종류의 야생초는 먹을 수 있는 건가까?

◑ 吃得。Chīde. / 吃不得。Chībude.
먹을 수 있습니다. / 먹을 수 없습니다.

这种野草吃不得。Zhè zhǒng yěcǎo chībude. 이 야생초는 먹을 수 없습니다.

1 부정형의 차이

[가능] 동사 + <u>不</u> + 보어

写不好。 xiě bù hǎo. 잘 못 쓴다.

[정도] 동사 + <u>得</u> + <u>不</u> + 보어

写得不好。 xiěde bù hǎo. 쓰는 것이 능숙하지 않다.

2 의문문의 차이

[가능] '동사 + 得 + 보어' 부분을 정반의문문으로 씁니다.

那个墙上的字你看得清楚看不清楚?

Nàge qiángshang de zì nǐ kàndeqīngchu kànbuqīngchu?

저 벽에 있는 글자를 당신은 분명히 볼 수 있습니까?

[정도] 보어 부분을 정반의문문으로 씁니다.

他的中文说得流利不流利? Tā de Zhōngwén shuōde liúlì bù liúlì?

그의 중국어는 유창합니까?

3 긍정형의 차이

[가능] 형용사 앞에 부사를 넣지 않습니다.

写得清楚。 xiěde qīngchu. (깔끔하게) 잘 쓸 수 있다.

[정도] 형용사 앞에 부사를 넣을 때가 있습니다.

唱得很好。 chàngde hěn hǎo. 노래를 잘하다.

说得太快。 shuōde tài kuài. 빨리 말하다.

写得非常好。 xiěde fēicháng hǎo. 능숙하게 쓸 수 있다.

吃不惯 chībuguàn 먹어 버릇하지 않다, 입에 맞지 않다   吃得惯 chīdeguàn 먹어 버릇하다, 입에 맞다

吃不来 chībulái 친숙하지 않다, 입에 맞지 않다   吃得来 chīdelái 먹을 수 있다, 입에 맞다

吃不起 chībuqǐ [돈이 없어서] 먹을 수 없다   吃得起 chīdeqǐ [경제적으로] 먹을 수 있다

吃不上 chībushàng [가난하거나 시간이 맞지 않아] 먹을 수 없다

吃得上 chīdeshàng [충분히 여유가 있어서] 먹을 수 있다

吃不下 chībuxià [배가 불러서] 먹을 수 없다

吃得下 chīdexià 먹을 수 있다, 목을 넘어간다

吃不了 chībuliǎo [양이 많아서] 다 먹을 수 없다   吃得了 chīdeliǎo [양적으로] 먹을 수 있다

吃不开 chībukāi 통하지 않다, 환영을 받지 못하다   吃得开 chīdekāi 통하다, 환영을 받다

126

说不出 shuōbuchū 말을 꺼낼 수 없다
说不好 shuōbuhǎo 잘 말할 수 없다
说不来 shuōbulái 말이 맞지 않다
说不清 shuōbuqīng 확실히 말할 수 없다
说不上 shuōbushàng 단언할 수 없다
说不上来 shuōbushànglái [어떻게 말하면 좋은지 몰라서] 말할 수 없다
说得上来 shuōdeshànglái 계속 말할 수 있다, 말이 통하다

说得出 shuōdechū 말하기 시작하다
说得好 shuōdehǎo 잘 말하다
说得来 shuōdelái 마음이 서로 맞다
说得清 shuōdeqīng 확실히 말하다
说得上 shuōdeshàng 확실히 말할 수 있다

看不见 kànbujiàn 보이지 않다
看不起 kànbuqǐ [돈이 없어서] 볼 수 없다, 경멸하다
看得起 kàndeqǐ [경제적으로] 볼 수 있다, 존경하다
看不清楚 kànbuqīngchǔ 분명히 볼 수 없다
看不完 kànbuwán 다 볼 수 없다
看不出来 kànbuchūlai 구별 못하다
看不来 kànbulái 보고도 이해 못하다
看不到 kànbudào 만날 수 없다
看不懂 kànbudǒng 읽을 수 없다

看得见 kàndejiàn 보이다
看得清楚 kàndeqīngchu 분명히 볼 수 있다
看得完 kàndewán 다 보다
看得出来 kàndechūlai 구별할 수 있다
看得明白 kàndemíngbai 보고 잘 이해하다
看得到 kàndedào 만날 수 있다
看得懂 kàndedǒng 읽을 수 있다

想不到 xiǎngbudào 미처 생각하지 못하다
想不开 xiǎngbukāi 생각을 떨쳐버리지 못하다
想不起来 xiǎngbuqǐlai 생각이 나지 않다
想不通 xiǎngbutōng 납득이 가지 않다, 이해 못하다
想得通 xiǎngdetōng 납득이 가다, 이해할 수 있다
想不出 xiǎngbuchū 생각이 떠오르지 않다

想得到 xiǎngdedào 예상할 수 있다
想得开 xiǎngdekāi 포기하다
想得起来 xiǎngdeqǐlai 생각이 나다

想得出 xiǎngdechū 생각이 떠오르다

听不出来 tīngbuchūlái 말소리를 알아듣지 못하다
听不懂 tīngbudǒng [듣고] 이해 못하다
听不见 tīngbujiàn 들리지 않다
听不清楚 tīngbuqīngchu 뚜렷하게 들리지 않다

听得出来 tīngdechūlái 말소리를 알아듣다
听得懂 tīngdedǒng [듣고] 이해하다
听得见 tīngdejiàn 들리다
听得清楚 tīngdeqīngchu 뚜렷하게 들리다

睡不好 shuìbuhǎo 잠을 잘 못 이루다
睡不着 shuìbuzháo 잠들 수 없다
来不及 láibují 시간적으로 늦다
来不了 láibuliǎo [아무리 해도] 올 수 없다
去不了 qùbuliǎo 갈 수 없다
找不着 zhǎobuzháo 찾을 수 없다
找不到 zhǎobudào 찾을 수 없다
坐不下 zuòbuxià 앉을 수 없다
忘不了 wàngbuliǎo 잊을 수 없다

睡得好 shuìdehǎo 잠을 잘 이루다
睡得着 shuìdezháo 잠들 수 있다
来得及 láidejí 늦지 않다
来得了 láideliǎo 올 수 있다
去得了 qùdeliǎo 갈 수 있다
找得着 zhǎodezháo 찾을 수 있다
找得到 zhǎodedào 찾을 수 있다
坐得下 zuòdexià 앉을 수 있다
忘得了 wàngdeliǎo 잊을 수 있다

1 중국어로 작문해보세요

① 그는 중국어를 유창하게 말할 수 있습니다.　➡

② 그녀는 노래를 잘 부릅니다.　➡

③ 그는 연습을 다 끝내지 않았습니다.　➡

④ 배가 부릅니까?　➡

⑤ 저는 하루에 8시간 잡니다.　➡

⑥ 그들은 4년 동안 중국어를 배웠습니다.　➡

⑦ 저는 우산을 가져오지 않았습니다.　➡

⑧ 그는 외출했습니다.　➡

⑨ 저는 [경제적으로] 컴퓨터를 살 수 있습니다.　➡

⑩ 오늘 밤 당신은 돌아올 수 있습니까?　➡

2 뜻이 통하도록 단어를 배열하여 문장을 완성하세요.

① 好　弹　钢琴　非常　弹得　她　➡

② 怎么样　她　跳　舞　跳得　➡

③ 生词　一　的　课　了　记住　已经　这　我 ➡

④ 没有　中文　买到　课本　我们　➡

⑤ 了　他　办公室　回　去　➡

⑥ 来　咖啡馆　他们　走进　了　➡

⑦ 看得懂　你　报　看不懂　中文　➡

⑧ 这么　行李　吗　重　你　拿得动　的　➡

⑨ 听懂　老师　话　的　了　我们　讲　➡

⑩ 汉字　遍　写　才　学会　这些　了　三　我 ➡

3 한국어로 해석해보세요.

① Wǒmen gāoxìngde hěn. →

② Nǐ kànjiàn tā le méiyǒu? →

③ Dìdi kàn diànshì kànle yí ge wǎnshàng. →

④ Diànhuà lái le, tā jiù pǎoxià lóu qù le. →

⑤ Wǒ kěyǐ jìnlai ma? →

4 (   ) 안에 알맞은 보어를 써넣으세요.

① 你今天来(   )早。

② 她乒乓球打(   )好极了。

③ 她写字写(   )好不好?

④ 屋子早就收拾(   )了。

⑤ 那本小说你看(   )了吗?

⑥ 我们要带相机(   )。

⑦ 他唱起歌(   )了。

⑧ 东西不多, 我买不(   )了。

⑨ 我们吃得(   )生鱼片。

⑩ 我寄回两封信(   )。

17장 비교 표현

비교 표현은 ①比를 이용한 '~보다', ②跟을 이용한 '~와 같다 / 다르다',
③有를 이용한 '~만큼의 것이 있다 / 없다'의 3가지가 있습니다.

今天比昨天冷。
Jīntiān bǐ zuótiān lěng.

오늘은 어제보다 춥습니다.

비교문에서는 전치사·부사를 적절히 잘 사용하는 것이 중요합니다.

有 비교형 문장
亲爱的，她有我漂亮吗?
자기야, 저 여자가 나만큼 예뻐?

더욱
你更爱我吗?

~랑 비교해서
比起我爱你来，
내가 사랑하는 것보다 자기가 더 사랑하지?

자기
?
자기?
자기
내가이뻐?

① 긍정문 : A[주어] + 比 + B[명사 / 대사] + 술어[형용사(구)]

   * 比를 사용하는 비교문에서는 동사술어문도 올 수 있습니다.

② 부정문 : A[주어] + 没有 + B[명사 / 대사] + 술어[형용사(구)]

       比의 위치에 没有를 쓴다

   * 부정형은 不比라고 할 수도 있지만 뉘앙스가 약간 다르며 일반적으로는 잘
    사용하지 않습니다.

보충   1   我比他小。Wǒ bǐ tā xiǎo. 나는 그보다 어립니다.
     老师比我们忙。Lǎoshī bǐ wǒmen máng. 선생님은 저희보다 바쁘십니다.
     今天比昨天冷。Jīntiān bǐ zuótiān lěng. 오늘은 어제보다 춥습니다.
     他比我来得早。Tā bǐ wǒ láide zǎo. 그는 저보다 일찍 옵니다. 〈동사술어문의 비교〉
     她比我跑得快。Tā bǐ wǒ pǎode kuài. 그녀는 저보다 빨리 달립니다.

   2   这个没有那个大。Zhège méiyǒu nàge dà. 이것은 저것보다 크지 않습니다.
     这儿没有那儿暖和。Zhèr méiyǒu nàr nuǎnhuo. 여기는 저기보다 따뜻하지 않습니다.
     我没有他唱得好。Wǒ méiyǒu tā chàngde hǎo. 저는 그만큼 노래를 잘하지 못합니다.

   3   弟弟没有我高。Dìdi méiyǒu wǒ gāo.
     남동생은 나보다 키가 크지 않습니다. (나보다 키가 작습니다.)
     弟弟不比我高。Dìdi bù bǐ wǒ gāo.
     남동생은 나보다 키가 크지 않습니다. (나와 키가 같거나 작습니다.)

① A[주어] + 比 + B[명사 / 대사] + 술어[형용사(구)] + **차이점**

(○) 哥哥比我大五岁。 Gēge bǐ wǒ dà wǔ suì. 형은 저보다 5살 많습니다.
(×) 哥哥比我五岁大。

② 차이가 커서 '훨씬 ~하다'고 말할 때는 간단히 得多, 多了를 붙입니다.

③ 차이가 적어서 '조금 ~하다'고 말하려면 一点儿, 一些를 사용합니다.

보충 1 英文系的学生比中文系的多五百人。 Yīngwén xì de xuésheng bǐ Zhōngwén xì de duō wǔ bǎi rén.
영문과 학생은 중문과 학생보다 500명 많습니다.
这个南瓜比那个重一公斤。 Zhège nánguā bǐ nàge zhòng yì gōngjīn.
이 호박은 저 호박보다 1킬로그램 무겁습니다.

2 今天比昨天热得多。 Jīntiān bǐ zuótiān rède duō.　오늘은 어제보다 더 덥습니다.
这儿比那儿热闹得多。 Zhèr bǐ nàr rènaode duō. 여기는 저기보다 훨씬 활기찹니다.
她的本领比他高得多。 Tā de běnlǐng bǐ tā gāode duō. 그녀의 능력은 그보다 더 뛰어납니다.
我们的生活比以前好多了。 Wǒmen de shēnghuó bǐ yǐqián hǎo duō le.
우리의 생활은 이전보다 훨씬 좋아졌습니다.

3 苹果比香蕉贵一点儿。 Píngguǒ bǐ xiāngjiāo guì yìdiǎnr. 사과는 바나나보다 가격이 조금 비쌉니다.
那栋楼比这栋楼高一些。 Nà dòng lóu bǐ zhè dòng lóu gāo yìxiē.
저 건물은 이 건물보다 조금 높습니다.

 **088** 비교문을 강조하는 更과 还

정도를 강조할 때는 보통 정도부사를 쓰지만, 비교문에서는 更과 还만 사용합니다.
很, 非常, 太, 十分은 쓰지 않습니다.

보충 这幅油画比那幅更好看。 Zhè fú yóuhuà bǐ nà fú gèng hǎokàn. 이 유화는 저 그림보다 훨씬 훌륭합니다.
这座山比那座山还高。 Zhè zuò shān bǐ nà zuò shān hái gāo. 이 산은 저 산보다 더 높습니다.
这件衣服比那件更大。 Zhè jiàn yīfu bǐ nàjiàn gèng dà. 이 옷은 저 옷보다 더 큽니다.
首尔的房租比香港还贵。 Shǒu'ěr de fángzū bǐ Xiānggǎng hái guì.
서울의 집세는 홍콩보다 더 비쌉니다.

 **089** 비교문 – 의문문

① 일반적으로 吗의문문
② 有没有를 사용한 정반의문문

보충 他比你矮吗? Tā bǐ nǐ ǎi ma? 그는 당신보다 키가 작습니까?
梨子比橘子便宜吗? Lízi bǐ júzi piányi ma? 배는 귤보다 가격이 쌉니까?

① 긍정형 : A + **跟、和、同** + B + **一样** (+ 형용사)
A는 B와 같다, A는 B와 같이 ~이다
跟과 和는 구어체, 同은 문어체

비교의 대상은 명사에만 한정되지 않고, 주어구와 동사구, 목적어도 가능합니다.

② 부정형 : A + **跟** + B + **不一样**

像~(一样)의 표현도 씁니다. 像 앞에 不를 붙이면 부정형이 되고 이때는 보통 一样을 쓰지 않습니다.

③ 의문문 : **吗**의문문
　　　　　　一样을 반복하는 정반의문문

④ A + **像** + B + **一样** + (형용사)
생략이 가능하다

A + **不像** + B + **那么 / 这么** + (형용사)

보충 1　她的年龄跟我一样。Tā de niánlíng gēn wǒ yíyàng. 그녀의 나이는 저와 같습니다.
这间屋子跟那间屋子一样。Zhè jiān wūzi gēn nà jiān wūzi yíyàng. 이 방은 저 방과 같습니다.
妹妹跟姐姐一样高。Mèimei gēn jiějie yíyàng gāo. 여동생은 누나와 키가 같습니다.
你参加跟他参加一样有意义。Nǐ cānjiā gēn tā cānjiā yíyàng yǒu yìyì.
당신이 참가하는 것은 그가 참가하는 것과 같은 의미가 있습니다. 〈동사구 비교〉
说话跟写字一样重要。Shuō huà gēn xiě zì yíyàng zhòngyào.
말하는 것은 글자를 쓰는 것과 마찬가지로 중요합니다. 〈동사구 비교〉

2　这个人跟那个人不一样高。Zhège rén gēn nàge rén bù yíyàng gāo.
이 사람은 저 사람과 키가 같지 않습니다.

3　这个跟那个一样不一样？Zhège gēn nàge yíyàng bù yíyàng? 이것은 저것과 같습니까?
你的意见跟他的一样不一样？Nǐ de yìjiàn gēn tāde yíyàng bù yíyàng?
당신의 의견은 그의 의견과 같습니까?

4　今天像夏天一样。Jīntiān xiàng xiàtiān yíyàng. 오늘은 여름 같습니다.
今天不像夏天。오늘은 여름 같지 않습니다.
今天像冬天一样冷。Jīntiān xiàng dōngtiān yíyàng lěng. 오늘은 겨울처럼 춥습니다.
今天不像冬天那么冷。오늘은 겨울처럼 춥진 않습니다.

091 有비교문

① 긍정형 : A + 有 + B + 那么 / 这么 + 형용사

'A는 B정도로 ~하다.' 성질이나 수량이 일정한 정도에 도달했음을 표현합니다

② 부정문 : A + 没有 + B + 那么 / 这么

③ 의문문 : 吗의문문
　　　　　　반복의문문 이때 那么 / 这么는 생략할 수 있습니다.

보충　1　这种梨有那种那么甜。Zhè zhǒng lí yǒu nà zhǒng nàme tián.
이 종류의 배는 저 종류의 배만큼이나 답니다.
他有我这么高。Tā yǒu wǒ zhème gāo. 그는 키가 제 정도입니다.

2　他没有我(这么)高。Tā méiyǒu wǒ (zhème) gāo. 그는 저만큼 키가 크지 않습니다.
这个东西没有那个(那么)贵。Zhège dōngxi méiyǒu nàge(nàme) guì.
이 물건은 저것만큼 비싸지 않습니다.
他们那儿没有这儿(这么)热。Tāmen nàr méiyǒu zhèr(zhème) rè.
그들이 있는 곳은 여기만큼 덥지 않습니다.

3　这个电影院有那个(那么)大吗? Zhège diànyǐngyuàn yǒu nàge(nàme) dà ma?
이 영화관은 저것만큼 큽니까?
你弟弟有没有我(这么)高? Nǐ dìdi yǒu méiyǒu wǒ(zhème) gāo?
당신 남동생은 나만큼 키가 큽니까?

 **092 비교문 – 최상급**

① '가장 ∼하다', '어느 것보다 ∼하다'의 경우 **最**를 사용합니다.
② **比** + 의문대사 + **都**∼

 1 她最喜欢洗温泉。Tā zuì xǐhuan xǐ wēnquán. 그녀는 온천에서 목욕하는 것을 가장 좋아합니다.
长白山夏天天气最好。Chángbáishān xiàtiān tiānqì zuì hǎo. 백두산은 여름 날씨가 가장 좋습니다.

2 苏杭的风景比哪儿都美。Sū-Háng de fēngjǐng bǐ nǎr dōu měi.
쑤조우, 항조우의 경치는 그 어느 곳보다 아름답습니다.

093 比의 관용 표현

- 一次比一次　　회를 거듭할수록
- 一天比一天　　날이 갈수록
- 一年比一年　　해가 갈수록

보충 她们的表演一次比一次精彩。Tāmen de biǎoyǎn yícì bǐ yícì jīngcǎi.
그녀들의 연기는 회를 거듭할수록 더 훌륭해집니다.
最近天气一天比一天暖和了。Zuìjìn tiānqì yì tiān bǐ yì tiān nuǎnhuo le.
요즘 날씨가 날이 갈수록 따뜻해집니다.
我们的工作量一年比一年增加了。Wǒmen de gōngzuò liàng yì nián bǐ yì nián zēngjiā le.
우리의 일감은 해가 갈수록 많아졌습니다.

 **부사 都의 용법**

1 총괄하는 뜻을 나타냅니다. 총괄하는 대상은 일반적으로 주어입니다.

各位都是我的朋友。 Gèwèi dōu shì wǒ de péngyou. 여러분 모두는 제 친구입니다.
我们都不知道这件事。 Wǒmen dōu bù zhīdào zhè jiàn shì. 우리 모두는 이 일을 알지 못합니다.

2 连~ 都 구문에서 甚至(심지어)라는 뜻을 나타냅니다.

这道题连你都不会做，我就更不用说了。
Zhè dào tí lián nǐ dōu bú huì zuò, wǒ jiù gèng bú yòng shuō le.
이 문제는 당신조차도 해결 못하는데, 저는 말할 것도 없습니다.

3 都~了 구문에서 已经(이미)의 뜻을 나타냅니다.

他今年都七十岁了，还能爬山，真不简单。
Tā jīnnián dōu qīshí suì le, hái néng páshān, zhēn bù jiǎndān.
그는 올해로 70세가 되었는데 아직도 산에 오를 수 있으니 정말 대단합니다.
都快九点了，你还不快去上学？ Dōu kuài jiǔ diǎn le, nǐ hái bú kuài qù shàngxué?
벌써 9시인데 당신은 아직도 학교에 가지 않습니까?

 **부사 也의 용법**

1 두 가지 상황이나 사물이 같거나 닮은 것을 나타냅니다.

他会英语，也会汉语。 Tā huì Yīngyǔ, yě huì Hànyǔ.
그는 영어도 할 수 있고, 중국어도 할 수 있습니다.
我们也唱歌，也跳舞。 Wǒmen yě chàng gē, yě tiào wǔ. 우리는 노래도 부르고 춤도 춥니다.
你去，我也去。 Nǐ qù, wǒ yě qù. 당신이 가면 저도 갑니다.
天黑了，雨也停了。 Tiān hēi le, yǔ yě tíng le. 날이 저물고 비도 그쳤습니다.
课文复习了，作业也做了。 Kèwén fùxí le, zuòyè yě zuò le.
본문을 복습했고 숙제도 했습니다.

2 정도의 심화를 설명, 강조하고 있습니다.

你再说也没用。 Nǐ zài shuō yě méi yòng. 당신이 다시 말해도 소용이 없습니다.
我一次假也没有请过。 Wǒ yí cì jià yě méiyǒu qǐngguo. 저는 한 번도 휴가를 낸 적이 없습니다.
说来说去，连我自己也忍不住笑了。 Shuōlái shuōqù, lián wǒ zìjǐ yě rěnbuzhù xiào le.
말하다 보니 제 자신조차도 웃음을 참을 수 없었습니다. (也 = 都)
他急得连话也说不出来了。 Tā jíde lián huà yě shuōbuchūlai le.
그는 급해서 말조차 할 수 없을 정도었습니다. (也 = 都)

3 범위를 나타내며 총괄하는 기능이 있습니다. 都와 바꾸어 사용할 수 있습니다.

早晨的雾真大，什么也看不清。Zǎochén de wù zhēn dà, shénme yě kànbuqīng.
아침 안개가 매우 짙어서 아무것도 뚜렷하게 보이지 않습니다.

4 긍정 또는 완곡의 어기를 나타냅니다.

这孩子也真活泼可爱。Zhè háizi yě zhēn huópo kě'ài. 이 아이는 아주 활발하고 귀엽습니다. 〈긍정〉
这件东西也真确实不坏。Zhè jiàn dōngxi yě zhēn quèshí bú huài.
이 물건은 확실히 좋습니다. 〈긍정〉
我学了两年汉语，也没有学好。Wǒ xuéle liǎng nián Hànyǔ, yě méiyǒu xuéhǎo.
저는 2년간 중국어를 공부했지만 아직 완전히 습득하지는 못했습니다. 〈완곡〉
她能不能来，也说不定。Tā néng bu néng lái, yě shuōbudìng.
그녀가 올 수 있을지는 아직 확실하지 않습니다. 〈완곡〉

부사 又의 용법

1 어떤 동작이나 상태의 반복을 나타냅니다.

我昨天去了一趟，今天又去了一趟。Wǒ zuótiān qùle yí tàng, jīntiān yòu qùle yí tàng.
저는 어제 한 번 가고 오늘 다시 한 번 갔습니다.

2 몇 개의 동작[상태·상황]이 공존하며 동작들이 상호 의존관계임을 나타냅니다.

大家又说又笑。Dàjiā yòu shuō yòu xiào. 모두들 이야기도 하고, 웃기도 합니다.
她又聪明又漂亮。Tā yòu cōngmíng yòu piàoliang. 그녀는 현명하고 아름답습니다.
他是个多面手，又会唱歌，又会跳舞，又会拉小提琴。
Tā shì ge duōmiànshǒu, yòu huì chàng gē, yòu huì tiào wǔ, yòu huì lā xiǎotíqín.
그는 다재다능해서 노래도 잘 부르고, 춤도 잘 추며, 바이올린도 켤 수 있습니다.
桌椅既清洁又整齐。Zhuō yǐ jì qīngjié yòu zhěngqí.
책상과 의자는 청결하면서도 잘 정돈되어 있습니다.

3 뒤의 동작[상태]에 '추가'의 뜻이 있으며 한 번 더 행동하는 것을 나타냅니다.

她洗好衣服，又洗床单。Tā xǐhǎo yīfu, yòu xǐ chuángdān.
그녀는 옷을 세탁하고, 또 침대 커버도 세탁합니다.
我做完了作业，又预习新课。Wǒ zuòwánle zuòyè, yòu yùxí xīn kè.
저는 숙제를 끝내고, 또 새로운 과를 예습합니다.

4 두 가지 동작[상태]이 상호 모순되거나 역접의 관계를 나타냅니다.

他想知道情况，又不愿问别人。Tā xiǎng zhīdao qíngkuàng, yòu bú yuàn wèn biérén.
그는 그 상황을 알고 싶은데도 불구하고 다른 사람한테 물어보고 싶지 않습니다.
要说的话很多，又不知道从哪儿说起。Yào shuō de huà hěn duō, yòu bù zhī cóng nǎr shuō qǐ.
말하고 싶은 것은 많은데 어디서부터 말해야 좋을지 모르겠습니다.

 어기를 강조하며 대부분 부정문 또는 반어문에 사용합니다.

他**又**不是外人，有话可以当面讲。Tā yòu bú shì wàirén, yǒu huà kěyǐ dāngmiàn jiǎng.
그는 외부인이 아니므로 용건이 있으면 직접 말하는 게 좋겠습니다.

这点钱**又**能解决多大问题? Zhè diǎn qián yòu néng jiějué duōdà wèntí?
겨우 이 돈으로 얼마만큼의 일을 해결할 수 있을까?

 **부사 再의 용법**

1 어떤 동작[상태]의 중복이나 계속을 나타냅니다. 再는 지금부터 반복할 예정의 동작을,
又는 이미 반복한 동작을 나타냅니다.
你**再**读一遍。Nǐ zài dú yí biàn. 다시 한 번 읽어보세요.
欢迎明年**再**来。Huānyíng míngnián zài lái. 내년에 다시 오세요.

2 어떤 상황에서 동작[사정]이 발생하는 것을 나타냅니다.
这件事等明天**再**商量。Zhè jiàn shì děng míngtiān zài shāngliang. 이 일은 내일 다시 상의합시다.
上午还有事情，等下午**再**出去吧。Shàngwǔ hái yǒu shìqing, děng xiàwǔ zài chūqu ba.
오전 중에는 다른 일이 있으니 오후에 나갑시다.

3 어떤 동작이 완성되고 나서 또 다른 동작이 발생하는 것을 나타냅니다.
吃完了饭，**再**吃一点水果。Chīwán le fàn, zài chī yìdiǎn shuǐguǒ.
식사를 하고 나서 과일을 조금 먹습니다.
你讲完了，他**再**说。Nǐ jiǎngwǎn le, tā zài shuō. 당신의 이야기가 끝나면 그가 다시 말할 것입니다.

4 정도의 세기를 나타냅니다. 更, 更加에 해당합니다.
再没有比这个便宜的了。Zài méiyǒu bǐ zhège piányi de le. 이것보다 싼 것은 없습니다.
困难**再**大也不怕。Kùnnan zài dà yě bú pà. 아무리 곤란하다 해도 두렵지 않습니다.
都是老朋友，别**再**客气了。Dōu shì lǎopéngyou, bié zài kèqi le.
모두들 오랜 친구니까 너무 겸손할 필요 없습니다.

5 중복, 확대, 축소의 뜻을 나타냅니다.
再放上葱花，味道就更好了。Zài fàngshang cōnghuā, wèidao jiù gèng hǎo le.
잘게 썬 파를 조금 더 넣으면 맛이 더 좋아집니다.
这条裤子的腰围**再**小点儿就更合适了。Zhè tiáo kùzi de yāowéi zài xiǎodiǎnr jiù gèng héshi le.
이 바지의 허리 치수가 좀 작으면 더 잘 어울리겠습니다.

6 又, 另外이 뜻을 나타냅니다.
这次就去三个人，一个是老李，一个是老王，**再**一个是小张。
Zhè cì jiù qù sān ge rén, yí ge shì Lǎo Lǐ, yí ge shì Lǎo Wáng, zài yí ge shì Xiǎo Zhāng.
이번엔 3명이 갑니다. 한 명은 이씨, 한 명은 왕씨, 또 한 명은 장씨입니다.
除了家里的事，**再**就是医院的事了。Chúle jiāli de shì, zài jiùshì yīyuàn de shì le.
집안일 이외에 병원 일도 있습니다.

1 동작·행위가 여전히 존재하거나 지속되는 것을 나타냅니다. 仍然의 뜻이 있습니다.

现在他还那么年轻。 Xiànzài tā hái nàme niánqīng. 그는 지금도 여전히 젊습니다.

相册还在抽屉里。 Xiàngcè hái zài chōutili. 앨범은 아직 서랍 안에 있습니다.

手续还没有办完呢。 Shǒuxù hái méiyǒu bànwán ne. 수속이 아직 끝나지 않았습니다.

2 동작·행위의 중복을 나타냅니다. 再의 뜻이 있습니다.

你还去图书馆吗? Nǐ hái qù túshūguǎn ma? 당신은 또 도서관에 갑니까?

刚才吃了点儿, 不够, 还想再吃点儿。 Gāngcái chīle diǎnr, bú gòu, hái xiǎng chī diǎnr.
조금 전에 조금 먹었는데 모자라서 조금 더 먹고 싶습니다.

3 내용의 증가, 범위의 확대 혹은 한 단계 더 진행시키는 뜻도 있습니다.

我做完作业, 还想预习一下新课。 Wǒ zuòwán zuòyè, hái xiǎng yùxí yíxià xīn kè.
나는 숙제를 끝내고 다시 새로운 과를 예습할 작정입니다.

他会算, 还会写。 Tā huì suàn, hái huì xiě. 그는 계산도 할 수 있고 쓸 수도 있습니다.

他不只是一位杰出的作家, 还是一位著名的学者。
Tā bù zhǐ shì yí wèi jiéchū de zuòjiā, háishi yí wèi zhùmíng de xuézhě.
그는 우수한 작가일 뿐만 아니라, 저명한 학자이기도 합니다.

4 정도의 세기를 나타냅니다. 更, 更加의 뜻이 있으며 비교문의 比와 호응합니다.

看起来, 你比他还年轻。 Kànqilai, nǐ bǐ tā hái niánqīng. 겉으로 보기에 당신은 그보다 더 젊습니다.

他的学习成绩比我还要好。 Tā de xuéxí chéngjì bǐ wǒ hái yào hǎo. 그는 성적이 저보다 더 좋습니다.

5 '그저 그런', '그런대로', '어쨌든'이라는 뜻이 있습니다.

我的身体还好。 Wǒ de shēntǐ hái hǎo. 제 몸 상태는 그런대로 괜찮습니다.

这双鞋价钱还不算贵。 Zhè shuāng xié jiàqian hái bú suàn guì.
이 신발의 가격은 그다지 비싸지 않은 셈입니다.

这绍兴酒, 还可以。 Zhè shàoxīngjiǔ, hái kěyǐ. 이 샤오씽주는 그런대로 괜찮은 편입니다.

6 예상 외의 것을 나타낼 수 있으며 이때 뒤에 真을 붙입니다.

你还真有办法。 Nǐ hái zhēn yǒu bànfǎ. 당신은 의외로 수완이 있군요.

这里的葡萄还真好吃呢。 여기의 포도는 예상외로 맛있습니다.
Zhèli de pútao hái zhēn hǎochī ne.

他还真有一手。 Tā hái zhēn yǒu yì shǒu. 그는 의외로 능력이 있어요.

7 尚且(~조차)라는 뜻을 나타냅니다.

五张票还不够, 三张更不行了。 Wǔ zhāng piào hái bú gòu, sān zhāng gèng bù xíng le.
5장으로도 모자라는데 3장으로는 어림없습니다.

这道题, 你这位高材生还做不了呢, 更何况我呢?
Zhè dào tí, nǐ zhè wèi gāocáishēng hái zuòbuliǎo ne, gèng hékuàng wǒ ne?
이 문제는 당신 같은 우등생조차도 해낼 수 없는데, 하물며 제가요?

8 '이전에 발생한 적이 있다', '벌써 이렇다'라는 뜻을 나타냅니다.

刚才, 我还见了他。 Gāngcái, wǒ hái jiànle tā. 방금 저는 그를 만났습니다.

还是二十年前, 我就去过上海。 Háishi èrshí nián qián, wǒ jiù qùguo Shànghǎi.
이미 20년 전에 나는 상하이에 간 적이 있습니다.

三天以前, 我还跟你谈过, 怎么就忘啦?
Sān tiān yǐqián, wǒ hái gēn nǐ tánguo, zěnme jiù wàng la?
3일 전에 내가 당신한테 말했는데 벌써 잊었어요?

9 어기를 강조하며, 대부분은 반어문에 사용합니다.

这件事, 难道你还不知道? Zhè jiàn shì, nándao nǐ hái bù zhīdào?
이 일을 설마 당신은 아직 몰랐습니까?

都什么时候了, 你们还不快走? Dōu shénme shíhou le, nǐmen hái bú kuài zǒu?
도대체 시간이 몇 시인데, 여러분은 아직 가지 않았습니까?

 부사 没(有)의 용법

동사나 형용사 앞에 쓰이는 부정부사입니다. 不는 동사 앞에서 사실·의지·미래의 부정을 나타내고 형용사 앞에서 그 성질·상태의 부정을 나타내지만 没(有)는 다음과 같은 특징이 있습니다.

1 동사 앞에서는 동작·행위·사태가 실현되지 못한 상태를 나타냅니다.

他昨天没(有)参加入学典礼。 Tā zuótiān méi(yǒu) cānjiā rùxué diǎnlǐ.
그는 어제 입학식에 참석하지 않았습니다.

他还没(有)去出差。 Tā hái méi(yǒu) qù chūchāi. 그는 아직 출장을 가지 않았습니다.

2 형용사 앞에서는 성질·상태의 변화가 일어나지 않음을 나타냅니다. 이런 종류의 형용사에는 동사적인 성질이 있습니다.

草莓还没(有)红呢。 Cǎoméi hái méi(yǒu) hóng ne. 딸기가 아직 익지 않았습니다.

最近天气还没(有)热呢。 Zuìjìn tiānqì hái méi(yǒu) rè ne. 요즘 날씨는 아직 덥지 않습니다

3 동사 有(소유·존재)의 부정을 나타냅니다.

我没有汽车。 Wǒ méiyǒu qìchē. 저는 차가 없습니다.

我们这儿没有超市。 Wǒmen zhèr méiyǒu chāoshì. 우리 집 근처에는 슈퍼마켓이 없습니다.

18장 겸어문 ⊕ 사역문

겸어문은, 문장 속에 2개의 술어동사가 있고 술어①의 목적어가 술어②의 주어를 겸하는 문장입니다.

让您久等了。
Ràng nín jiǔděng le.

오랫동안 기다리게 했습니다.

让, 叫, 使를 쓰는 사역문이 대표적인 겸어문입니다.

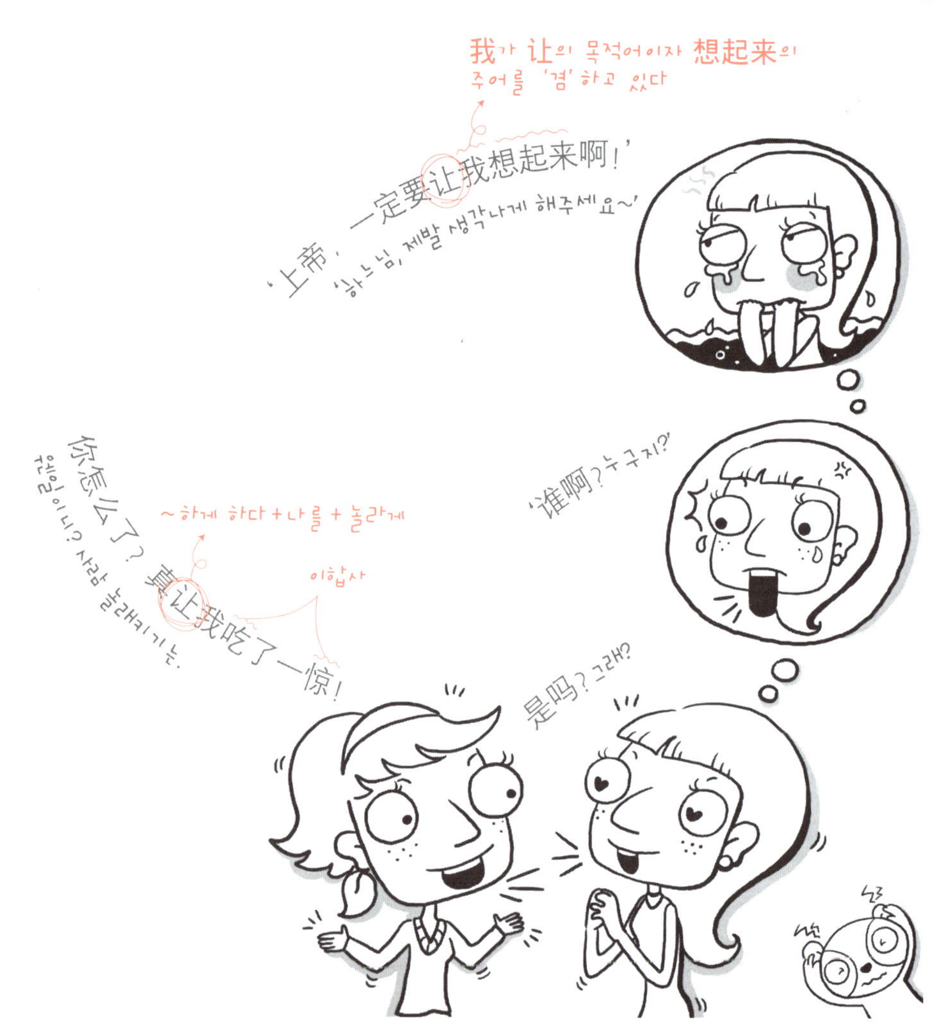

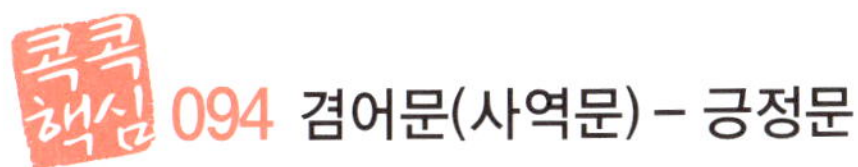

094 겸어문(사역문) – 긍정문

주어 + **叫 / 让 / 使** + 목적어[주어] + 동사 + 다른 요소

사역의 대상자   사역의 대상자에게 시키는 행위

叫와 让은 사역 외에 수동의 뜻도 있으니까 주의!

(보충) **让**我介绍一下。Ràng wǒ jièshào yíxià. 제가 소개하겠습니다.

妈妈叫我去买东西。Māma jiào wǒ qù mǎi dōngxi. 어머님이 제게 심부름을 시킵니다.

这件事**使**他高兴。Zhè jiàn shì shǐ tā gāoxìng. 이 일은 그를 기쁘게 했습니다.

哥哥**叫**妹妹查地图了。Gēge jiào mèimei chá dìtú le. 오빠가 여동생에게 지도를 찾게 했습니다.

老师**让**我们站起来了。Lǎoshī ràng wǒmen zhànqilai le. 선생님은 우리를 일어나게 했습니다.

让您久等了，真对不起。Ràng nín jiǔděng le, zhēn duìbuqǐ. 오래 기다리게 해서 정말 죄송합니다.

让我看一下。Ràng wǒ kàn yíxià. 저한테 보여주세요.

他的话使我吃了一惊。Tā de huà shǐ wǒ chīle yì jīng. 그의 이야기는 저를 깜짝 놀라게 했습니다.

095 겸어문(사역문) – 부정문

주어 + + 叫 / 让 / 使 + 목적어[주어] + 동사 + 다른 요소

不 / 没有

(보충) 老师**不让**我们喝啤酒。Lǎoshī bú ràng wǒmen hē píjiǔ.
선생님은 우리에게 맥주를 마시지 못하게 합니다.

他们**不叫**我来参加舞会。Tāmen bú jiào wǒ lái cānjiā wǔhuì.
그들은 나를 댄스파티에 참가시켜주지 않습니다.

妈妈**没让**妹妹学钢琴。Māma méi ràng mèimei xué gāngqín.
어머니는 여동생에게 피아노를 배우지 못하게 했습니다.

 **096 겸어문(사역문) – 의문문**

① 吗의문문
② 동사①의 긍정 · 부정을 사용한 정반의문문
③ 의문대사의문문

 张老师叫你们写作业吗? Zhāng lǎoshī jiào nǐmen xiě zuòyè ma?
장선생님이 너희들에게 숙제를 내주셨니?
姐姐叫不叫你去买面包? Jiějie jiào bu jiào nǐ qù mǎi miànbāo.
누나가 너에게 빵을 사오게 했니?
大家让她唱什么? Dàjiā ràng tā chàng shénme?
모두 그녀에게 무슨 노래를 부르라고 했습니까?

 **097 叫 · 让 · 使의 비교**

① 让이 가장 부드러운 표현입니다.
② 使는 관용적인 표현에 자주 쓰입니다.
③ 使, 叫, 让은 모두 직접적인 동작 · 행위를 '~하게 하다'가 아니라,
'(누군가를)기쁘게 하다' '(누군가를) 만족시키다'라는 뜻을 나타내는 단어와
결합하여 쓰입니다.

 虚心使人进步，骄傲使人落后。 Xūxīn shǐ rén jìnbù, jiāo'ào shǐ rén luòhòu.
겸허함은 사람을 발전시키고, 교만함은 사람을 퇴보시킨다.
这件事使我非常高兴。 Zhè jiàn shì shǐ wǒ fēicháng gāoxìng.
이 일은 저를 아주 기쁘게 했습니다.
这部小说使我很感动。 Zhè bù xiǎoshuō shǐ wǒ hěn gǎndòng. 이 소설은 저를 감동시켰습니다.
今天的菜使我们十分满意。 Jīntiān de cài shǐ wǒmen shífēn mǎnyì.
오늘의 요리는 우리를 충분히 만족시켰습니다.

 **098 겸어문 – 请동사**

请도 겸어문에 쓰입니다. 이 경우는 영어의 please에 해당하는 용법
(예 请喝茶吧。차를 드세요)이 아닌 의뢰의 뜻을 나타냅니다.

 他请我吃饭。Tā qǐng wǒ chī fàn. 그는 나를 식사에 초대하였습니다.
我请他到我家来玩。Wǒ qǐng tā dào wǒ jiā lái wán. 나는 그에게 우리 집에 놀러 오라고 하였습니다.
我们没请他来。Wǒmen méi qǐng tā lái. 우리는 그를 부르지 않았습니다.

099 겸어문 – 有동사

주어 없이 동사 有로 시작하여, 有의 목적어가 생략된 주어의 역할을 합니다.
겸어가 나타내는 사람·사물은 불특정한 대상입니다.

 有人来了。Yǒu rén lái le. 누군가 왔습니다.
昨天有几个学生来找你。Zuótiān yǒu jǐ ge xuésheng lái zhǎo nǐ.
어제 몇 명의 학생이 당신을 찾아왔습니다.
早上有人给你打电话了。Zǎoshang yǒu rén gěi nǐ dǎ diànhuà le.
아침에 당신에게 전화를 한 사람이 있었습니다.

100 겸어문 – 명령동사

‘…[사람]에게 명령해서 ~하게 하다’처럼 사역문을 만듭니다.
이외에 要求(요구해서 ~하게 하다), 劝(권하여 ~하게 하다),
派(파견하여 가게 하다) 등도 넓은 범위에서 사역의 표현입니다.

部长命令我们出差去。Bùzhǎng mìnglìng wǒmen chūchāi qù. 부장님은 우리에게 출장을 지시했습니다.
老师劝我去中国学习。Lǎoshī quàn wǒ qù Zhōngguó xuéxí.
선생님은 나에게 중국에 가서 공부하도록 권했습니다.
我派他去调查。Wǒ pài tā qù diàochá. 나는 그를 조사차 파견 보냈습니다.

1 对于(~에 대해서, ~에 있어서)는 사람·사물·행위의 관계를 나타내는 개사입니다. 보통 주어 뒤에 오지만 주어 앞에 올 수도 있습니다.

对于现代汉语的语法，他很有研究。Duìyú xiàndài Hànyǔ de yǔfǎ, tā hěn yǒu yánjiū.
현대중국어의 문법에 대해서 그는 깊게 연구하고 있습니다.

对于这件事，我们还要进一步调查。Duìyú zhè jiàn shì, wǒmen hái yào jìn yí bù diàochá.
이 일에 대해서 우리는 한걸음 더 나아가 조사해야 합니다.

对于老年人，我们应该尊重他们。Duìyú lǎoniánrén, wǒmen yīnggāi zūnzhòng tāmen.
노인들에 대해서 우리는 마땅히 존경해야 합니다.

对于家务，我从来不怎么关心它。Duìyú jiāwù, wǒ cónglái bù zěnme guānxīn tā.
가사에 대해서 저는 지금까지 그다지 관심이 없었습니다.

对于这个问题，我有不同的意见。Duìyú zhège wèntí, wǒ yǒu bùtóng de yìjiàn.
이 문제에 대해서 저는 다른 의견이 있습니다.

2 对于 ~来说/说来는 어떤 사람이나 어떤 상태에서 보는 입장을 나타냅니다.

对于父母来说，自己的孩子是最可爱的。Duìyú fùmǔ láishuo, zìjǐ de háizi shì zuì kě'ài de.
부모 입장에서는, 자신의 아이가 가장 귀엽기 마련입니다.

他的发言，对于大家来说，很有启发。Tā de fāyán, duìyú dàjiā láishuō, hěn yǒu qǐfā.
그의 발언은 모두의 입장에서 보면 많은 도움이 됩니다.

1 뜻과 용법은 对于와 기본적으로 같지만, 사용 범위가 더 넓습니다. 그래서 对于는 언제나 对로 대체할 수 있지만, 对는 对于로 대체되지 않는 경우가 많습니다.

2 朝, 向(~로 향하다)의 의미가 있습니다.

3 인간관계를 나타낼 때에는 对만 쓰입니다.

我对他打了个手势。Wǒ duì tā dǎ le ge shǒushì. 나는 그를 손짓으로 불렀습니다.
（×）我对于他打了个手势。

他们对我都很热情。Tāmen duì wǒ dōu hěn rèqíng. 그들은 저에게 매우 친절합니다.
（×）他们对于我都很热情。

4 对에는 동사의 용법이 있습니다.

窗户对着体育馆大门。Chuānghu duìzhe tǐyùguǎn dàmén.
창문은 체육관의 입구와 마주 보고 있습니다.

他举起枪，对准了靶心。Tā jǔ qǐ qiang, duìzhǔnle bǎxīn. 그는 총을 들고 목표를 겨냥했습니다.

146

개사 关于

1 关于는 '~에 관해서, ~에 대해서'라는 뜻의 개사로, 관련되는 사물을 가리킵니다.

关于你的请求，他们正在研究。Guānyú nǐ de qǐngqiú, tāmen zhèngzài yánjiū.
당신의 요구에 대해서, 그들은 지금 검토 중입니다.

关于图书资料，我打算在假期中整理一下。
Guānyú túshū zīliào, wǒ dǎsuàn zài jiàqī zhōng zhěnglǐ yíxià.
도서자료에 대해서는 내가 휴가기간에 정리할 예정입니다.

2 '关于 ~的 + 명사'(~에 관한 …, ~에 대해서의 …)의 형태로 술어가 됩니다.

这是一份关于节约能源的计划。Zhè shì yí fèn guānyú jiéyuē néngyuán de jìhuà.
이것은 에너지 절약에 관한 계획입니다.

他作了一个关于怎样进行听力训练的报告。
Tā zuòle yí ge guānyú zěnyàng jìnxíng tīnglì xùnliàn de bàogào.
그는 어떻게 듣기훈련을 신행할 것인지에 대한 보고를 했습니다.

关于와 对于의 비교

1 关于는 관련된 사물을, 对于는 대상을 표시합니다.

关于编写教材的问题，可以参考北大经验。
Guānyú biānxiě jiàocái de wèntí, kěyǐ cānkǎo Běidà jīngyàn.
교재를 편찬하는 문제와 관련해, 베이징대학의 경험을 참고로 할 수 있다.

关于交通安全，是一个值得我们重视的问题。
Guānyú jiāotōng ānquán, shì yí ge zhídé wǒmen zhòngshì de wèntí.
교통안전이란 우리가 중시할 만한 가치가 있는 문제이다.

对于自己的孩子，家长要注意加强教育。Duìyú zìjǐ de háizi, jiāzhǎng yào zhùyì jiāqiáng jiàoyù.
자신의 아이에 대해서 가장들은 교육을 강화하는 것에 주의해야 합니다.

对于年老体弱的人，必须给与适当的照顾。
Duìyú niánlǎo tǐruò de rén, bìxū gěiyǔ shìdàng de zhàogu.
노약자에 대해서 반드시 적절한 배려를 해야 합니다.

'관련된 사물이나 대상' 등 모두를 가리킬 때는 关于나 对于 어느 쪽이든 상관없습니다.

关于[对于]这份计划，我们正在修改。Guānyú[duìyú] zhè fèn jìhuà, wǒmen zhèngzài xiūgǎi.
이 계획에 대해서, 우리는 지금 수정 중입니다.

关于[对于]这儿的风俗习惯，我也知道一些。
Guānyú[duìyú] zhèr de fēngsú xíguàn, wǒ yě zhīdao yìxiē.
이곳의 풍속과 관습에 「대해서 나도 주금 알고 있습니다.

2 关于가 상황어가 될 때 그 위치는 주어 앞에 한정됩니다. 对于가 상황어가 되는 경우에는 주어의 앞쪽과 뒤쪽 모두 사용 가능합니다.

时间对于我们来说是很宝贵的。 시간은 우리에게 매우 소중한 것입니다.
Shíjiān duìyú wǒmen láishuō shì hěn bǎoguì de.

(×) 时间关于我们来说是很宝贵的。

体育运动对于增强人民体质是十分有益的。
Tǐyù yùndòng duìyú zēngqiáng rénmín tǐzhì shì shífēn yǒuyì de.
스포츠는 사람들의 체력을 강화시킨다는 점에서, 아주 유익한 것입니다.

(×) 体育运动关于增强人民体质是十分有益的。

MEMO

把구문·是~的 구문은, 특정한 내용을 보다 강조하고 싶을 때 쓰는 문형입니다.

请把门关上。 문을 닫아주세요.
Qǐng bǎ mén guānshang.

목적어를 강조하고 싶으면 '把 + 목적어'의 형태로 만들어 동사 앞에 놓으면 됩니다.
목적어를 처치(처리)하여 결과를 강조하였다 해서 처치문이라고 부릅니다.

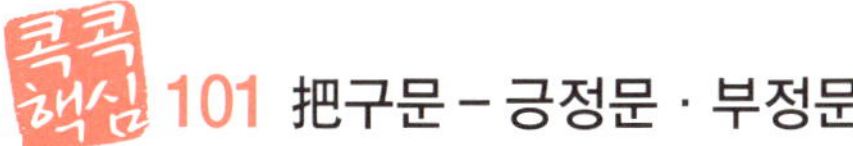

핵심 **101** 把구문 – 긍정문 · 부정문

① 긍정문 : 주어 + 把 + 목적어 + 동사 + **기타 성분**

목적어의 처리 결과가 구체적으로 보여져야 하므로,
동사 뒤에 반드시 기타성분이 필요!

② 부정문 : 주어 + 没(有) + 把 + 목적어 + 동사 + **기타 성분**

不를 사용하지 않고, 没를 사용,
不를 사용할 경우 '~하고 싶지 않다(不想把, 不愿意把)'는 뜻으로
쓰이거나 '만일 ~하지 않으면'이라는 가정의 의미로 사용.

보충 1 请先把住宿表填一下吧。Qǐng xiān bǎ zhùsùbiǎo tián yíxià ba. 먼저 숙박카드를 기입하십시오.
你们把玩具收拾一下吧。Nǐmen bǎ wánjù shōushi yíxià ba. 여러분 장난감을 정리하세요.
你们把这课课文念一念。Nǐmen bǎ zhè kè kèwén niànyiniàn. 여러분 이 과의 본문을 읽으세요.

2 他没有把挂历寄给我。Tā méiyǒu bǎ guàlì jìgěi wǒ. 그는 나에게 달력을 보내지 않았습니다.
他还没有把信写完。Tā hái méiyǒu bǎ xìn xiěwán. 그는 아직 편지를 다 쓰지 못했습니다.

3 不把练习做完，我们不能回家。Bù bǎ liànxí zuòwán, wǒmen bù néng huíjiā.
연습을 다 하지 않으면 우리는 집에 갈 수 없습니다.

* 능원동사, 상황을 나타내는 부사어는 반드시 把 앞에 넣습니다.
我们一定要把中文学好。Wǒmen yídìng yào bǎ Zhōngwén xuéhǎo.
우리는 반드시 중국어를 잘 배워야 합니다.
请你们明天把运动鞋带来。Qǐng nǐmen míngtiān bǎ yùndòngxié dàilai.
여러분 내일 운동화를 가져오세요.

 **102** 把구문과 결과보어

> 동사 뒤에 在·成·到·给 등의 결과보어가 오면, 반드시 把구문이 쓰입니다.

[보충] 我把钥匙忘在房间里了。 Wǒ bǎ yàoshi wàng zài fángjiānli le.
나는 깜박하고 열쇠를 방에 두고 나왔습니다.
我曾经想把这本书翻译成韩文。 Wǒ céngjīng xiǎng bǎ zhè běn shū fānyìchéng Hánwén.
나는 전부터 이 책을 한국어로 번역하고 싶었습니다.
今天早晨我把朋友送到机场了。 Jīntiān zǎochén wǒ bǎ péngyou sòngdào jīchǎng le.
오늘 아침 나는 친구를 공항까지 바래다 주었습니다.
弟弟把从市场买来的水果送给我了。 Dìdi bǎ cóng shìchǎng mǎi lái de shuǐguǒ sònggěi wǒ le.
남동생은 시장에서 사온 과일을 저에게 주었습니다.

 **103** 把구문 - 의문문

> ① 吗의문문
> ② 把没把 형태의 정반의문문

[보충] 你把相机带来了吗? Nǐ bǎ xiàngjī dàilai le ma? 당신은 카메라를 가져왔습니까?
你把没把相机带来? Nǐ bǎ méi bǎ xiàngjī dàilai? 당신은 카메라를 가져왔습니까?
你把相机带来了没有? Nǐ bǎ xiàngjī dàilai le méiyǒu?

104 是~的 구문 – 긍정문

이미 행해진 동작의 시간, 장소, 방법 등을 특별히 강조합니다.
일반적으로 是는 강조하려는 부분의 앞에, 的는 문장 끝에 놓습니다.

주어 + 是 + 시간 / 장소 / 방법 + 동사 + 的

강조하려는 내용이 짧고 단순한 경우에는 是를 생략할 수도 있습니다.

보충 我是昨天晚上到的。 Wǒ shì zuótiān wǎnshang dào de. 저는 어젯밤에 도착했습니다. 〈시간〉
你是从哪儿来的? Nǐ shì cóng nǎr lái de? 당신은 어디에서 왔습니까? 〈장소〉
他们是坐公车去学校的。 Tāmen shì zuò gōngchē qù xuéxiào de.
그들은 버스를 타고 학교에 갔습니다. 〈방법〉
我(是)坐电车来的。 Wǒ (shì) zuò diànchē lái de. 저는 전차를 타고 왔습니다.

105 是~的 구문 – 부정문

주어 + 不是 + 시간 / 장소 / 방법 + 동사 + 的

긍정문에서는 是를 생략할 수도 있지만
부정문에서는 반드시 不是를 써야 합니다.

보충 我不是坐飞机来的。 Wǒ bú shì zuò fēijī lái de. 나는 비행기를 타고 온 것이 아닙니다.
我们不是跟朋友一起去的。 Wǒmen bú shì gēn péngyou yìqǐ qù de.
우리는 친구와 같이 간 것이 아닙니다.

 **106 是~的 구문 – 목적어의 위치**

① 일반적인 경우 : 的는 동사 뒤, 목적어 앞에
   주어 + 是 + 시간 / 장소 / 방법 + 동사 + 的 + 목적어

② 목적어 뒤에 방향보어가 있을 경우 : 的는 문장 끝에
   주어 + 是 + 시간 / 장소 / 방법 + 동사 + 목적어 + 방향보어 + 的

보충 1   我是前天到的广州。Wǒ shì qiántiān dào de Guǎngzhōu. 저는 그제 광조우에 도착했습니다.
   他是坐飞机去的美国。Tā shì zuò fēijī qù de Měiguó. 그는 비행기를 타고 미국에 갔습니다.
   我不是在书店里买的书。Wǒ bú shì zài shūdiànli mǎi de shū.
   저는 책방에서 책을 산 것이 아닙니다.

   2   林先生是下午一点到公司去的。Lín xiānsheng shì xiàwǔ yì diǎn dào gōngsī qù de.
   임선생님은 오후 1시에 회사에 갔습니다.

 **107 是~的 구문 – 기타 용법**

주어의 성격을 설명하거나 판단할 때 사용할 수 있습니다.

보충   我是不会汉语的。Wǒ shì bú huì Hànyǔ de. 저는 중국어를 못합니다.
   他们看法是对的。Tāmen kànfǎ shì duì de. 그들의 견해는 옳습니다.

1 把구문의 목적어는 불특정한 것이 아닌 반드시 '특정한 어떤 것'이어야 합니다.

(○) 我把中文词典还给他了。 Wǒ bǎ Zhōngwén cídiǎn huángěi tā le.
저는 중국어사전을 그에게 돌려주었습니다.

(×) 我把一本词典还给他了。

2 把구문의 동사는 '무엇을 어떻게 처리한다'는 뜻을 가진 '타동사'여야만 합니다. 다음 동사들은 把구문에 쓰일 수 없습니다.

① 是　　像　　有　　在
　 shì　xiàng　yǒu　zài

② 자동사 : 旅行　游泳
　　　　　　lǚxíng　yóuyǒng

③ 知道　觉得　　看见　　认识
　 zhīdao　juéde　kànjiàn　rènshi

④ 방향을 나타내는 동사 :　上　　下　　进　　出　　回　　来　　去
　　　　　　　　　　　　　shàng　xià　jìn　chū　huí　lái　qù

3 把구문의 동사는 반드시 동태조사 了, 着 및 보어(가능보어 제외), 목적어 등 동사를 뒷받침해줄 수 있는 단어를 수반합니다. 처치한 방법이나 결과를 나타내기 위해 동사를 중복할 때도 있습니다.

(○) 你们把这课课文念一念。 Nǐmen bǎ zhè kè kèwén niànyiniàn.
여러분 이 과의 본문을 읽어보세요.

(×) 你们把这课课文念。

(○) 你把皮箱送来了吗? Nǐ bǎ píxiāng sònglái le ma? 당신은 트렁크를 보냈습니까?

(×) 你把皮箱送吗?

(×) 你把皮箱送得来吗?

주어가 행동을 '한' 것이 아니라 행동을 '당'했을 때, 이를 수동태 문장이라고 합니다. 被를 많이 쓰기 때문에 被구문이라고도 합니다.

我的钱包被偷走了。

Wǒ de qiánbāo bèi tōuzǒu le.

저는 지갑을 도난당했습니다.

被, 让, 叫, 给를 사용한 형태상의 수동문과, 의미상 수동태인 문장으로 구분해볼 수 있습니다.

주어 + 被·让·叫·给 + 행위자 + 동사 + 기타 요소

동사는 반드시 타동사

叫와 让과 给는 구어체　　동사 뒤에 반드시 기타 요소(了, 过, 着, 결과보어,
　　　　　　　　　　　　　　　방향보어 등)을 수반

보충

1. 我的自行车被他骑走了。 Wǒ de zìxíngchē bèi tā qízǒu le. 제 자전거를 그가 타고 가버렸습니다.
   这本书被他借走了。 Zhè běn shū bèi tā jièzǒu le. 이 책은 그가 빌려갔습니다
   鱼让猫吃了。 Yú ràng māo chī le. 생선은 고양이가 먹어버렸습니다.
   我的笔记本电脑叫弟弟弄坏了。 Wǒ de bǐjìběn diànnǎo jiào dìdi nònghuài le.
   제 노트북을 남동생이 고장 내버렸습니다.
   他叫老师批评过。 Tā jiào lǎoshī pīpíngguo. 그는 선생님께 혼난 적이 있습니다.
   我的手机叫弟弟弄坏了。 Wǒ de shǒujī jiào dìdi nònghuài le.
   제 휴대폰은 남동생이 고장 내버렸습니다.
   他们的话让妈妈听见了。 Tāmen de huà ràng māma tīngjiàn le.
   그들이 한 얘기를 어머니께서 다 들으셨습니다.
   窗户给风吹开了。 Chuānghu gěi fēng chuīkāi le. 창문은 바람에 의해 열렸습니다.

2. 钱包被小偷儿偷走了。 Qiánbāo bèi xiǎotōur tōuzǒu le. 지갑을 (도둑이) 훔쳐가버렸습니다.
   蛋糕让姐姐和妹妹吃完了。 Dàngāo ràng jiějie hé mèimei chīwán le.
   케이크는 누나와 여동생이 다 먹어버렸습니다.
   窗户叫学生们打碎了。 Chuānghu jiào xuéshengmen dǎsuì le. 창문은 학생들이 깨뜨렸습니다.

주어 + 조동사 / 부사 + 被·让·叫·给 + 행위자 + 동사 + 기타 요소

부정부사 不도 被·让·叫·给 앞에!

 那个录相带没被人借走。Nàge lùxiàngdài méi bèi rén jièzǒu.
그 비디오테이프는 아무도 빌려가지 않았습니다.
她从来没有让妈妈打过。Tā cónglái méiyǒu ràng māma dǎguo.
그녀는 지금까지 어머니께 맞은 적이 없습니다.
你会叫上司派到北京去吗? Nǐ huì jiào shàngsī pàidào Běijīng qù ma?
당신은 상사에 의해 베이징으로 파견될 수 있습니까?
他也叫狗咬了。Tā yě jiào gǒu yǎo le. 그도 개에게 물렸습니다.

110 被구문 – 주체의 생략

주체가 불특정한 다수의 '사람들'이거나 굳이 주체를 나타낼 필요가 없을 때는 被와
동사를 직접 이어서 씁니다. 또한 뒤에 오는 실질적인 행위자를 생략할 수 있습니다.

단, 让과 叫는 동사와 직접 연결될 수 없습니다.

这本书早上被借走了。Zhè běn shū zǎoshang bèi jièzǒu le. 이 책은 아침에 빌려갔습니다.
我的钱包被偷走了。Wǒ de qiánbāo bèi tōuzǒu le. 내 지갑은 도둑맞았습니다.

 **111 被구문 – 给의 사용**

被, 让, 叫와 호응하여 술어동사 앞에 给가 더 쓰이는 경우도 있습니다.
被, 让, 叫 + 给의 형태는 '수동'을 나타낼 뿐 '사역'의 뜻은 없습니다.

 衣服被孙女儿给弄脏了。Yīfu bèi sūnnǚ'er gěi nòngzāng le. 옷을 손녀가 더럽혔습니다.
杯子叫孙子给打碎了。Bēizi jiào sūnzi gěi dǎsuì le. 컵을 손자가 깨뜨렸습니다.
铅笔盒让他给丢了。Qiānbǐhé ràng tā gěi diū le. 필통을 그가 잃어버렸습니다.

112 의미상의 수동태

'门推开了。Mén tuīkāi le. 문이 밀려 열렸다'처럼 주어가 동작, 행위의 대상일 때 개사를 쓰지 않아도 수동의 문장이 됩니다.

报告我已经写完了。Bàogào wǒ yǐjing xiěwán le. 리포트를 이미 다 썼습니다.
（✕）报告已经被我写完了。

机票已经卖完了。Jīpiào yǐjing màiwán le. 비행기 표는 이미 매진됐습니다.
衣服洗好了。Yīfu xǐhǎo le. 옷이 전부 세탁되었습니다.
照片没有洗好。Zhàopiàn méiyǒu xǐhǎo. 사진이 전부 현상되지 않았습니다.

1 감탄사는 부름, 응답, 감정 등을 나타내는 말입니다. 단독으로 사용할 수도 있고 문장의 요소가 될 수도 있습니다.

喂! 你们快来。Wèi! Nǐmen kuài lái. 야, 너희들 빨리 와.

嗳! 我知道了。Ai! Wǒ zhīdao le. 네, 알겠습니다.

嗯! 我这就去。Ng! Wǒ zhè jiù qù. 네, 곧 가겠습니다.

他哎哟哎哟地叫了起来。Tā āiyōāiyōde jiàole qǐlái.
그는 "아이고 아이고" 하고 소리 지르기 시작했습니다.

他哈哈地大笑起来。Tā hāhāde dàxiàoqilai le. 그는 '하하' 하고 크게 웃기 시작했습니다.

2 중첩할 수 있습니다.

哎哟哎哟 āiyōāiyō. 고통 따위를 나타냄

喔唷喔唷 wōyōwōyō. 놀람, 고통을 나타냄

 의성어

1 의성어는 사람의 소리나 물건의 소리를 모방하여 나타내는 말입니다. 단독으로 사용하여 독자적인 문장이 될 수 있습니다.

轰！地雷爆炸了。Hōng! Dìléi bàozhà le.
[폭음이나 뇌성 등의 대음향으로] 쾅! 지뢰가 폭발했습니다.
哗啦啦！铜钱撒了一地。Huālālā! Tóngqián sǎle yí dì.
[물건이 떨어지거나 무너질 때의 소리로] 땡그르르. 동전이 땅에 흩어졌습니다.

2 부사어, 술어, 한정어, 보어가 될 수 있습니다.

小河的水哗哗地流个不停。Xiǎohé de shuǐ huāhuāde liú ge bù tíng.
시냇물이 콸콸 끊임없이 흐르고 있습니다. [哗는 비나 물의 큰 소리를 나타냄]
墙上的大钟嘀嗒嘀嗒地响。Qiángshang de dàzhōng dīdādīdāde xiǎng.
벽에 걸린 큰 시계가 똑딱똑딱 소리를 내고 있다.
鞭炮声噼里啪啦。Biānpào shēng pīlipālā. 폭죽 소리가 타다닥 울리고 있다.
雷声隆隆。Léishēng lónglóng. 천둥 소리가 우르르 울리고 있다.
清晨，四周响起了喔喔地鸡叫声。Qīngchén sìzhōu xiǎngqǐ le wōwōde jījiàoshēng.
새벽에, 주위에서 꼬끼오 하고 닭 우는 소리가 울렸다.
咚咚咚，这是谁的脚步声？Dōngdōngdōng! Zhè shì shuí de jiǎobùshēng?
[신발 소리·문이나 북 등을 치는 소리로] 쿵쿵쿵! 이것은 누구 발 소리지?

보충 拟声词 nǐshēngcí(= 象声词 xiàngshēngcí)
의성어, 의음어를 일컫는 말로 현대어 특유의 현상이 아니라 옛날부터 사용되어 왔습니다.
〈시경〉'呦呦鹿鸣，食野之草'('呦呦 yōuyōu'는 사슴의 우는 소리)
　　　'坎坎伐檀兮，置之河之兮'('坎坎 kǎnkǎn'은 나무를 자르는 소리)
음절 수가 한정되어 있는 중국어는 자유자재로 조합이 가능한 한국어에 비해 제한적이긴 하지만 그 수는 적지 않습니다. 의성어의 신조어가 특별히 눈에 띄는 것은 잡지, 그 중에서도 만화 분야입니다.

砰　pēng : 폭발음, 유리가 깨지는 소리
乓　pāng : 둔하고 가벼운 소리, 총소리 등
嘟　dū : 길고 날카로운 소리, 사이렌이나 기적 소리
哗哗　huāhuā : 비나 물이 흐르는 소리
喀吧　kābā : 날카롭고 짧은 소리, 나뭇가지 등이 부러지는 소리
咔嚓　kāchā : 가볍고 날카로운 소리, 카메라의 셔터 소리, 열쇠를 잠그는 소리
嗡嗡　wēngwēng : 길고 둔한 소리, 선풍기 소리, 모기나 꿀벌이 날아가는 소리
叮铃叮铃　dīnglingdīngling : 전화, 벨 소리
咕嘟咕嘟　gūdūgūdū : 물 등을 마시는 소리, 음식이 끓어오르는 소리
叮当叮当　dīngdāngdīngdāng : 날카롭고 긴 소리, 금속끼리 부딪치는 소리
轰隆轰隆　hōnglonghōnglong : 무겁고 둔한 소리, 열차 소리
咕噜咕噜　gūlugūlu : 둔하고 긴 소리, 음식이 끓어오르는 소리, 물건이 구를 때 나는 소리

1 중국어로 작문해보세요.

① 그녀는 저보다 빨리 뜁니다. →

② 오늘은 어제보다 춥습니다. →

③ 배는 귤보다 쌉니까? →

④ 선생님은 우리에게 맥주를 마시지 못하게 합니다.

→

⑤ 오래 기다리셨습니다. →

⑥ 이 소설은 나를 감동시켰습니다. →

⑦ 당신은 카메라를 가져왔습니까? →

⑧ 문을 닫아주세요. →

⑨ 저는 깜빡하고 열쇠를 방에 두고 왔습니다.

→

⑩ 저는 그저께 광조우에 도착했습니다. →

⑪ 제 지갑은 도둑맞았습니다. →

⑫ 제 자전거는 그가 타고 가버렸습니다. →

2 뜻이 통하도록 단어를 배열하여 문장을 완성하세요.

① 手机　的　叫　弟弟　了　弄坏　我　➡ ____________________

② 了　姐姐　让　妹妹　和　吃完　蛋糕　➡ ____________________

③ 不　书店里　买　书　是　我　在　的　➡ ____________________

④ 早晨　我　朋友　送到　了　机场　把　今天　➡ ____________________

⑤ 吧　请　住宿表　一下　先　填　把　➡ ____________________

⑥ 公斤　南瓜　比　这个　重　一　那个　➡ ____________________

⑦ 生活　比　我们　以前　好多了　的　➡ ____________________

⑧ 作业　你们　张老师　吗　写　叫　➡ ____________________

⑨ 妹妹　一样　姐姐　高　跟　➡ ____________________

⑩ 热　他们　没有　那儿　这么　这儿　➡ ____________________

3 한국어로 해석해보세요.

① Dìdi méiyǒu wǒ gāo.　➡ ____________________

② Māma jiào wǒ qù mǎi dōngxi.　➡ ____________________

③ Tā qǐng wǒ chī fàn.　➡ ____________________

④ Wǒmen yídìng yào bǎ Zhōngwén xuéhǎo.　➡ ____________________

⑤ Zhè běn shū bèi tā jièzǒu le.　➡ ____________________

복문

복문은 2개 이상의 단문으로 구성된 문장입니다. 복문을 구성하는 각 단문을 구절이라고 합니다.

我们一边走路一边说话。 우리는 걸어가면서 말을 합니다.
Wǒmen yìbiān zǒu lù yìbiān shuō huà.

구·절을 연결하는 기능을 가진 어휘를 관련사라고 합니다. 접속사(如果 만일 ~하면, 因为 ~ 때문에)와 접속 기능을 가진 부사(都 ~조차도, 再 그러고 나서), 另一方面(다른 한편으로~) 등의 표현이 해당됩니다.

품생품사 A씨!

천둥 번개가 치는 날이라도 꼭 선글라스는 낀다
即使打雷, 我也要戴上太阳眼镜。
'비록~더라도 그래도 역시'

'~라면 곧바로...'
一说流行, 就跟着上。
유행이라면 곧장 따라한다
(장화 신은 고양이 바지라도…)

몇 개의 다른 사항·상황을 말하거나 하나의 사항에 대하여 여러 개의 다른 측면을 말하는 복문입니다.

① 병렬 관계의 복문에 흔히 쓰이는 부사, 관련사는 다음과 같습니다.

也	…도
又 … 又~	…하기도 하고 ~하기도 하다
既 … 又~	…할 뿐만 아니라 또 ~
(一)边 … (一)边~	…하면서 ~하다
一面 … 一面~	…하면서 ~하다
一方面 … 另一方面~	한편으론 …하면서 다른 한편으론 ~하다
不是 … 而是~	…이 아니라 ~이다

> 복문은 구절간의 관계에 따라서 병렬, 연속, 누가, 선택, 인과, 역접, 가정조건, 목적, 연쇄의 10가지로 나뉩니다.

② 서로 관련된 사항을 앞구절과 뒷구절로 나눠서 말하는 경우에는, 관련사를 쓰지 않고 콤마만으로도 병렬관계를 나타냅니다.

보충 1 我去广州, 他也去广州。 Wǒ qù Guǎngzhōu, tā yě qù Guǎngzhōu.
저는 광조우에 가는데, 그도 광조우에 갑니다.
我们又唱歌, 又跳舞。 Wǒmen yòu chàng gē, yòu tiào wǔ.
우리는 노래를 부르기도 하고 춤을 추기도 합니다.
她既是优秀学生, 又是运动选手。 Tā jì shì yōuxiù xuésheng, yòu shì yùndòng xuǎnshǒu.
그녀는 우등생이면서 운동선수이기도 합니다.
我们一边走路一边说话。 Wǒmen yìbiān zǒu lù yìbiān shuō huà. 걸으면서 이야기합시다.
不是我不想去, 而是我有事不能去。 Bú shì wǒ bù xiǎng qù, ér shì wǒ yǒu shì bù néng qù.
내가 가고 싶지 않은 것이 아니라 일이 있어서 가지 못하는 것입니다.

2 他是北京人, 我是上海人。 Tā shì Běijīng rén, wǒ shì Shànghǎi rén.
그는 베이징 출신이고 나는 상하이 출신입니다.

'연속해서 발생하는 동작 또는 사항'을 차례로 나타냅니다. 구절에 일정한 배열 순서가 있어서 자유롭게 바꿔 넣을 수 없습니다.

① 就(곧), 便(곧 〈문어체〉), 再(이어서, 그러고 나서), 又(또한), 接着(계속해서, 이어서), 然后(그런 다음, 그러고 나서), 于是(그래서, 그리하여) 등의 관련사가 쓰입니다.

② 일반적으로 연속되는 동작을 말하는 경우에는 관련사를 쓰지 않습니다.

③ 각각의 구절이 다른 주어를 가지는 경우가 있습니다.

보충 1 我吃完了饭，再去朋友家。Wǒ chīwán le fàn, zài qù péngyou jiā.
나는 식사를 하고 나서 친구 집에 갑니다.
你做好作业，然后去玩儿。Nǐ zuòhǎo zuòyè, ránhòu qù wánr. 숙제를 다하고 놀러 가라.

2 老问题解决了，新问题产生了。Lǎo wèntí jiějué le, xīn wèntí chǎnshēng le.
이전의 문제를 해결했는데 새로운 문제가 생겼습니다.
你在车站等我，我去接你。Nǐ zài chēzhàn děng wǒ, wǒ qù jiē nǐ.
역에서 기다려주세요. 제가 마중 나가겠습니다.

3 欢迎仪式上，先是主人致词，接着客人讲话。
Huānyíng yìshìshang, xiān shì zhǔrén zhì cí, jiēzhe kèrén jiǎng huà.
환영식에서는 먼저 주인이 인사를 하고, 이어서 손님이 말을 합니다.

뒷구절의 뜻이 앞구절보다 깊어지면 '누가관계'라고 합니다.

① ~뿐만 아니라 게다가…

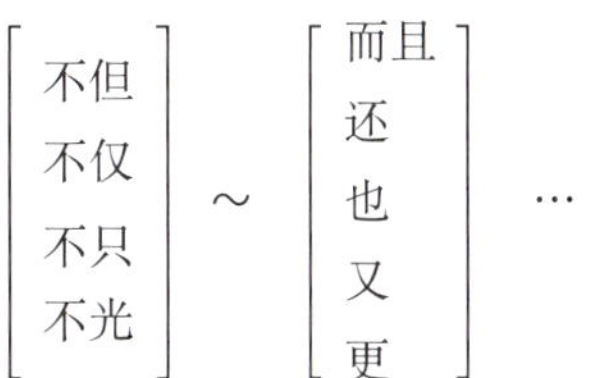

② 부정 표현 – 不但不…反而~ (…은 커녕 오히려 ~)

③ 반어 표현 – 尚且…何况~ (…조차 …한데, 하물며 ~하다니)

보충

1 长江下游地区，不但风景美丽，而且物产丰富。
Chángjiāng xiàyóu dìqū, búdàn fēngjǐng měilì, érqiě wùchǎn fēngfù.
장강 하류지구는 풍경이 아름다울 뿐만 아니라 물자의 생산도 풍부합니다.
她不仅长得很漂亮，而且性格也非常好。
Tā bùjǐn zhǎngde hěn piàoliang, érqiě xìnggé yě fēicháng hǎo.
그녀는 용모가 아름다울 뿐만 아니라 게다가 성격도 아주 좋습니다.
我喜欢下象棋，更喜欢下围棋。Wǒ xǐhuan xià xiàngqí, gèng xǐhuan xià wéiqí.
나는 장기 두는 것을 좋아하는데, 바둑 두는 것은 더 좋아합니다.

2 风不但不停，反而越刮越猛。Fēng búdàn bù tíng, fǎn'ér yuè guā yuè měmg.
바람이 멈추기는커녕 오히려 불면 불수록 세진다.

3 我们的生活尚且困难，何况送孩子上大学呢？
Wǒmen de shēnghuó shàngqiě kùnnan, hékuàng sòng háizi shàng dàxué ne?
우리 생활조차 힘든데 하물며 아이를 대학에 보내야 하다니.

두 개의 구절이 말하는 사항 중에서 하나만 선택하는 형태입니다.

- 是A还是B   A입니까, 혹은 B입니까?
- A或者B   A하거나 혹은 B하거나 합니다
- 要么A要么B   A하든지 B하든지
- 不是A就是B   A가 아니면 B이다
- 与其A不如B   A하기보다는 B하는 것이 좋다
- 宁可A也B   차라리 A하더라도 역시 B하다

보충 你是看电影，还是看京剧？ Nǐ shì kàn diànyǐng, háishi kàn jīngjù.
당신은 영화를 봅니까, 혹은 경극을 봅니까?

休息的时候，我们就打乒乓球，或者打羽毛球。
Xiūxi de shíhou, wǒmen jiù dǎ pīngpāngqiú, huòzhě dǎ yǔmáoqiú.
쉬는 시간에는 탁구를 치거나 혹은 배드민턴을 치거나 합니다.

要么他来，要么我去，明天总得当面谈一谈。
Yàome tā lái, yàome wǒ qù, míngtiān zǒngděi dāngmiàn tányitán.
그가 오든지 내가 가든지 어차피 내일 만나서 이야기해야 합니다.

上午我不是做作业，就是复习功课。 Shàngwǔ wǒ bú shì zuò zuòyè, jiùshì fùxí gōngkè.
오전에 나는 숙제를 하지 않으면 복습을 합니다.

到火车站去买票，与其你去，不如我去。 Dào huǒchēzhàn qù mǎi piào, yǔqí nǐ qù, bùrú wǒ qù.
역에 표를 사러 가는 것은 당신이 가는 것보다는 내가 가는 것이 좋습니다.

我宁可多跑几家书店，也要买到这本书。
Wǒ nìngkě duō pǎo jǐ jiā shūdiàn, yě yào mǎidào zhè běn shū.
나는 차라리 서점 몇 곳을 더 돌아다니더라도 이 책을 사기를 원합니다.

117 인과관계 복문

원인과 결과의 관계를 나타냅니다.

① 먼저 원인을 말하고, 뒤에 결과를 말합니다.

因为 A 所以 B	A이기 때문에, 그래서 B하다
由于 A 因此 [因而 / 所以] B	A이기 때문에, 그래서 B하다
以至〈주로 나쁜 결과에 쓰임〉	[…하므로, 결국은] ~의 결과가 되다

② 먼저 결과를 말하고, 뒤에 원인을 말합니다

所以 [之所以] B 是因为 [是由于] A	B의 이유는 A 때문입니다 / 왜냐하면 ~ 때문입니다
既然…就	…한 이상 ~ / …할 바에는

보충 1 因为有病, 所以他不能上课。Yīnwèi yǒu bìng, suǒyǐ tā bù néng shàng kè.
병 때문에 그는 수업에 출석할 수 없습니다.
因为他平时太自傲, 所以大家不喜欢他。Yīnwèi tā píngshí tài zì'ào, suǒyǐ dàjiā bù xǐhuan tā.
그는 평소 너무 오만하기 때문에 모두들 그를 좋아하지 않습니다.

2 昨天晚上所以没能来看你, 是因为我有一个会。
Zuótiān wǎnshang suǒyǐ méi néng lái kàn nǐ, shì yīnwèi wǒ yǒu yí ge huì.
어젯밤 당신을 만나러 오지 못한 건 회의가 있었기 때문입니다.
(주어가 之所以 앞에 올 때는 之가 생략될 수도 있다.)
既然决心上大学, 就应该抓紧学习。Jìrán juéxīn shàng dàxué, jiù yīnggāi zhuājǐn xuéxí.
대학교에 갈 결심을 한 이상, 공부에 더 힘을 쏟아야 합니다.

3 (因为)这本词典不好, 所以我不买。(yīnwèi) Zhè běn cídiǎn bù hǎo, suǒyǐ wǒ bù mǎi.
이 사전은 좋지 않으므로 나는 안 삽니다.
(因为)我今天上午有急事, (所以)不能出席了。
(yīnwèi) Wǒ jīntiān shàngwǔ yǒu jíshì, (suǒyǐ) bù néng chūxí le.
나는 오늘 오전 중에 급한 용무가 있어서 출석할 수 없었습니다.

① 앞구절, 뒷구절의 뜻이 분명히 대립되거나 상반되는 경우입니다. '…지만 ~이다'

$$\begin{bmatrix} 虽然 \\ 虽说 \\ 虽是 \\ 尽管 \end{bmatrix} \cdots \begin{bmatrix} 但是 \\ 可是 \\ 却 \end{bmatrix} \sim$$

② 앞구절의 관련사 없이 뒷구절에서 不过, 却, 只是(不过보다 부드럽다),
其实 등을 사용하면, 앞구절, 뒷구절의 상반되는 정도가 약합니다.

보충 1 虽然考试失败了，但是我并不灰心。Suīrán kǎoshì shībài le, dànshi wǒ bìng bù huīxīn.
비록 시험은 실패했지만, 나는 절대로 낙심하지 않습니다.

2 上午还是晴天，下午却下起雨来了。Shàngwǔ háishì qíngtiān, xiàwǔ què xiàqǐ yǔ lái le.
오전에는 맑은 날씨였는데 오후에는 비가 오기 시작했습니다.
这件衣服好是好，不过稍微小了点儿。Zhè jiàn yīfu hǎo shì hǎo, búguò shāowēi xiǎo le diǎnr.
이 옷은 좋긴 좋은데, 다만 조금 작습니다.
我也想去洗温泉，只是没有时间。Wǒ yě xiǎng qù xǐ wēnquán, zhǐshì méiyǒu shíjiān.
나도 온천에 가고 싶지만 다만 시간이 없습니다.
他说不知道，其实他知道。Tā shuō bù zhīdào, qíshí tā zhīdao.
그는 모른다고 하지만 '실은' 알고 있습니다.

① 만약 …라면 ～하다

$$\begin{bmatrix} 如果 \\ 要是 \\ 假如 \\ 假使 \\ 倘若 \end{bmatrix} \quad \cdots \quad \begin{bmatrix} 就 \\ 那么 \\ 那 \end{bmatrix} \quad \sim$$

② 설사 …일지라도 ～하다, 가정과 양보

$$\begin{bmatrix} 就是 \\ 即便 \\ 哪怕 \end{bmatrix} \quad \cdots \quad \begin{bmatrix} 也 \end{bmatrix} \quad \sim$$

보충

1 如果你不努力学习，就一定考不上名牌学校。
Rúguǒ nǐ bù nǔlì xuéxí, jiù yídìng kǎobushàng míngpái xuéxiào.
만일 당신이 열심히 공부하지 않으면 분명 유명한 학교에는 합격할 수 없습니다.
我要是一只鸟，就能飞上天空。 Wǒ yàoshi yì zhī niǎo, jiù néng fēishàng tiānkōng.
만일 내가 한 마리의 새라면 하늘을 날 수 있을 텐데.

2 就是刮风下雨，我也一定来。 Jiùshì guā fēng xià yǔ, wǒ yě yídìng lái.
설사 바람이 불고 비가 올지라도 나는 반드시 오겠습니다.
即便是夏天，我们这儿也不热。 Jíbiàn shì xiàtiān, wǒmen zhèr yě bú rè.
설사 여름일지라도 우리가 있는 곳은 덥지 않습니다.

① 하나의 구절이 '조건'을 나타내고 다른 하나의 구절은
그 조건 아래서 '결과'를 설명하는 형태입니다.
只要 … 就~ …하기만 하면 ~하다
只有 … 才~ …해야만 ~하다
除非 … 否才[则, 不然]~ 오직 …하여야 비로소 ~하다,
　　　　　　　　　　　　　　…하지 않는 한 ~하지 않다

② '무조건문'은 어떠한 조건 아래서도 모두 똑같은 결과임을 표시합니다.
不管[无论 / 不论] … 都[总]~ …에 관계없이 모두 ~하다,
　　　　　　　　　　　　　…하더라도 모두 ~하다

보충

1　只要你说得慢，我就听得懂。Zhǐyào nǐ shuōde màn, wǒ jiù tīngdedǒng.
당신이 천천히 말하기만 하면 나는 알아들을 수 있습니다.
只有同心协力，才能做好工作。Zhǐyǒu tóngxīn xiélì, cái néng zuòhǎo gōngzuò.
합심하여 협력해야만 일을 제대로 할 수 있습니다.
除非你去，才能解决问题。Chúfēi nǐ qù, cái néng jiějué wèntí.
오직 당신이 가야만 비로소 문제가 해결될 수 있다.

2　不管天气怎么样，我每天都要坚持做早操。
Bùguǎn tiānqì zěnmeyàng, wǒ měitiān dōu yào jiānchí zuò zǎocāo.
날씨가 어떠한지에 관계없이 나는 매일 아침 체조를 계속합니다.
无论忙还是不忙，他每天晚上总要学习一个小时的汉语。
Wúlùn máng háishi bù máng, tā měitiān wǎnshang zǒng yào xuéxí yí ge xiǎoshí de Hànyǔ.
일이 바쁘든 안 바쁘든 그는 매일 밤에 항상 1시간씩 중국어를 공부합니다.

＊如果下雨，我就不来。Rúguǒ xià yǔ, wǒ jiù bù lái. 만일 비가 오면 저는 안 옵니다. 〈가정〉
除非下雨，我才不来。Chúfēi xià yǔ, wǒ cái bù lái. 비가 오는 한 저는 안 옵니다. 〈조건〉

핵심 121 목적관계 복문

> 목적관계 복문에서 관련사를 사용하지 않는 경우도 있습니다.

① **적극적인 의미** : 为了(~ 위해서), 为(~ 위해서), 免得(~하지 않도록)
② **소극적인 의미** : 以免(~ 않기 위해), 以便(~하기 위하여)

보충 1　为了实现自己的目标，我们正在努力奋斗。
　　　Wèile shíxiàn zìjǐ de mùbiāo, wǒmen zhèngzài nǔlì fèndòu.
　　　자신의 목표를 실현하기 위해 우리는 열심히 노력하며 분투하고 있습니다.
　　　咱们为了小王和小张的幸福干杯吧。
　　　Zánmen wèile Xiǎo Wáng hé Xiǎo Zhāng de xìngfú gānbēi ba.
　　　(우리는) 왕씨와 장씨의 행복을 위해서 건배합시다.
　　　我决心多干一会儿，免得大家受累。Wǒ juéxīn duō gàn yíhuìr miǎnde dàjiā shòu lèi.
　　　내가 조금 많은 일을 처리하고자 결심한 것은 모두의 고생을 덜어주기 위해서입니다.

　　　2　你找个地方，让大家休息一会儿。Nǐ zhǎo ge dìfang, ràng dàjiā xiūxi yíhuìr.
　　　당신은 적당한 곳을 찾아서 모두를 조금 쉬게 하세요.

핵심 122 연쇄관계 복문

> 연쇄관계의 문장은 콤마를 제외하고 뒤의 주어를 생략하면 단문이 된다는 점에 주의합니다.

① 뒷구절이 앞구절의 내용을 이어받는 것을 말합니다.
　　谁愿意发言，谁就发言。Shéi yuànyì fāyán, shéi jiù fāyán.
　　발언하고 싶은 사람이 있으면 누구든지 발언하세요.
　　谁愿意发言就发言。발언하고 싶은 사람이 발언한다. 〈단문〉

② 越…越~는 축약된 복문에도 자주 쓰입니다.
　　越来越~((시간이 갈수록) 점점 더 ~)의 형태도 함께 기억합시다.

보충 1　你说怎么做，我们就怎么做。Nǐ shuō zěnme zuò, wǒmen jiù zěnme zuò.
　　　당신이 시키는 대로 우리는 곧 그렇게 합니다.
　　　大家越信任你，你越要为大家尽力。Dàjiā yuè xìnrèn nǐ, nǐ yuè yào wèi dàjiā jìnlì.
　　　모두가 당신을 신임하면 할수록 당신은 모두를 위해서 힘을 다해야 합니다.

　　　2　我的工资越来越多了。Wǒ de gōngzī yuè lái yuè duō le. 제 월급은 갈수록 많아졌습니다.

단어, 구, 문장을 직접 연결시켜 각종 문법관계를 나타냅니다.

- 단독으로 쓰이는 것

    所以 그러므로 于是 yúshì 그래서

- 호응되어 쓰이는 것

    不但…而且~ …뿐만 아니라 ~도
    虽然…但是~ 비록 …이지만 그러나 ~
    与其…宁可~ …하느니 차라리 ~
    尽管…可是~ 비록 …하더라도 ~, …에도 불구하고 ~

- 부사와 호응하여 쓰이는 것

    只有 zhǐyǒu…才 cái~ …해야만이 ~   如果 rúguǒ…就 jiù ~ 만일…면,
    无论 wúlùn…都 dōu~ …한다 하더라도~   即使 jíshǐ…也 yě~ 설사 …하더라도

관련사는 문장의 성분이 될 수 없고, 다른 품사를 수식 또는 설명할 수도 없습니다. 또한 단독으로 질문에 응답할 수도 없습니다.

〈병렬관계〉

    也 ~도
    又…又~ …기도 하고 ~기도 하다
    既…又~ …기도 하고 ~기도 하다
    一边…一边~ …하면서 ~하다
    一面…一面~ …하면서 ~하다
    一方面…另一方面~ 한편으로 …하면서 다른 한편으론 ~하다
    不是…而是~ … 아니라 ~이다

〈연속관계〉

    就 곧   便 즉시   再 이어서, 그리고 나서
    又 또다시   接着 이어서   然后 그리고 나서, 그 뒤에
    于是 그래서, 그리하여 先…再然~ 먼저 …하고 그러고 나서~

〈누가관계〉

    更 더욱더
    不但 [不仅/不只/不光]…而且 [还/也/又/更]
    …뿐만 아니라 게다가[더욱더 / ~도 / ~도 다시 / 게다가] ~
    不但不…反而~ …은커녕 오히려 ~
    尚且…何况~ …조차 …한데, 하물며 ~ 〈반어문〉

174

〈선택관계〉

    是…还是 …이 아니면 ～　　　　　或者 …이 아니면 ～, 또는

    要么…要么 …하든지 아니면 ～하다　　不是…就是～ …이 아니면 ～이다

    与其…不如～ …것보다 차라리 ～하는 게 낫다　宁可…也 …할지언정 ～

〈인과관계〉

    因为…所以～ … 때문에 ～하다

    由于…因此 [因而／所以]～ … 때문에 그래서 ～하다

    以致 [좋지 않은 결과에 사용] (～이므로) ～의 결과가 되다

    所以[之所以] …是因为[是由于]～ …의 이유는 ～ 때문이다 / 왜 …냐고 하면 ～ 때문이다

    既然…就 …한 이상에는 ～ / …하는 이상 ～

〈역접관계〉

    虽然[虽说／虽是／尽管]…但是 [可是／却] …이지만 ～

    不过　다만, 하지만

    却 ～에도 불구하고

    只是 다만, 하지만 〈不过보다 부드럽다〉

    其实 사실은

〈가정관계〉

    如果[要是／假如／假使／倘若]…就[那么／那]～ 만약 …면

    就是…也　설사 …이라도 ～

    哪怕／即便／即使…也　설사 …이라도

〈조건관계〉

    只要…就～ 다만 …하기만 하면 ～하다

    只有…才～ …해야만 ～하다

    除非…才～ …하지 않는 한 ～하지 않다

    除非…否则／不然～ …는 차치하고라도 ～하다

    不管[无论／不论]…都[也／总]～ …을 막론하고 모두 ～하다

〈목적관계〉

    为了 ～ 위해서

    为 ～ 위해서

    免得 ～하지 않도록

    以免 ～하지 않도록

    以便 ～하기 위해서, ～하도록

〈연쇄관계〉

    越…越– …하면 할수록 ～하다

관련사의 비교 1 : 因为와 由于

1 因为는 문장 중간에 쓰이지만 由于는 쓰일 수 없습니다.

今天早晨公共汽车都停驶了，因为雪太大。
Jīntiān zǎochén gōnggòng qìchē dōu tíngshǐ le, yīnwèi xuě tài dà.
오늘 아침에 버스들이 다 쉬게 된 것은 눈이 심하게 왔기 때문입니다.

我所以后天才走，是因为明天还有些事办。
Wǒ suǒyǐ hòutiān cái zǒu, shì yīnwèi míngtiān hái yǒu xiē shì bàn.
내가 모레 가는 이유는 내일 아직 해야 할 일이 있기 때문입니다.

2 因为는 所以만 호응하고 由于는 所以, 因此, 因而과 호응합니다.

由于他平时努力学习，因而成绩一直很好。
Yóuyú tā píngshí nǔlì xuéxí, yīn'ér chéngjì yìzhí hěn hǎo.
그는 평소 열심히 공부하기 때문에 성적은 줄곧 매우 좋습니다.

由于大家共同合作，因此手术进行得非常顺利。
Yóuyú dàjiā gòngtóng hézuò, yīncǐ shǒushù jìnxíngde fēicháng shùnlì.
모두가 함께 협력했기 때문에 수술이 순조롭게 진행됐습니다.

3 일상회화에서는 因为가 자주 사용되며 由于는 그다지 많이 사용되지 않습니다.

1 비교의 결과보다 정도가 높은 것을 가리키는 반어적 표현으로 뒷문장의 앞부분에 쓰여 '하물며 ~'라는 뜻을 나타냅니다.

北方的天气都这么热，何况南方呢? Běifāng de tiānqì dōu zhème rè, hékuàng nánfāng ne ?
북쪽의 날씨가 이렇게 더운데, 하물며 남쪽은 말할 것도 없습니다.

路太远，连我都走不动，何况他上了年岁的人呢?
Lù tài yuǎn, lián wǒ dōu zǒubudòng, hékuàng tā shàng le niánsuì de rén ne?
길이 너무 멀어서 나조차도 걸을 수 없는데 하물며 그처럼 나이 드신 분은 말할 것도 없습니다.

逆水行船本来就困难，何况又遇上顶头风呢?
Nì shuǐ xíng chuán běnlái jiù kùnnan, hékuàng yòu yùshang dǐngtóufēng ne?
물을 거슬러서 배를 운행하는 것이 원래 어려운데 하물며 맞바람을 맞으면 말할 것도 없습니다.

2 '게다가, 더구나'라는 뜻으로 더 깊이 있게 이유를 설명하며 강조의 기능이 있습니다.

这件衣服式样美观，何况价钱便宜，你就买一件吧。
Zhè jiàn yīfu shìyàng měiguān, hékuàng jiàqián piányi, nǐ jiù mǎi yí jiàn ba.
이 옷은 디자인이 아름다운데 더구나 가격도 싸니까 당신이 한 벌 사세요.

天气本来就寒冷，何况刮起了五六级大风，真叫人受不了。
Tiānqì běnlái jiù hánlěng, hékuàng guāqǐle wǔ liù jí dàfēng, zhēn jiào rén shòubuliǎo.
날씨가 본래 추운데 게다가 풍력 5,6급의 강풍이 불기 시작하니 정말 견딜 수 없습니다.

他是我的老同学，何况又是同乡，他现在有困难，我能不管吗?
Tā shì wǒde lǎotóngxué, hékuàng yòu shì tóngxiāng, tā xiànzài yǒu kùnnan, wǒ néng bù guǎn ma?
그는 나의 옛날 동창이며 게다가 같은 고향사람입니다. 그가 지금 어려운데 내가 모른 체할 수 있습니까?

＊况且 kuàngqiě는 ②의 용법으로만 쓰입니다. 그러므로 위의 ②번 예문은 모두 况且로 바꿔 쓸 수 있습니다.

1 不然(그렇지 않으면)은 가정의 어기로 앞에서 말하는 것을 부정하며 결과·결론을 나타내는 구절을 인도합니다.

该走了，不然就赶不上火车了。 Gāi zǒu le, bùrán jiù gǎnbushàng huǒchē le.
떠나야 합니다. 그렇지 않으면 열차 시간에 늦을 거예요.

可惜上午我有会，不然一定和你们一起去长城玩儿。
Kěxī shàngwǔ wǒ yǒu huì, bùrán yídìng hé nǐmen yìqǐ qù Chángchéng wánr.
유감스럽지만 오전에 회의가 있어요. 그렇지 않으면 꼭 여러분과 만리장성에 놀러 갈 텐데.

雨太大了，不然我早上街买东西去了。 Yǔ tài dà le, bùrán wǒ zǎo shàngjiē mǎi dōngxi qù le.
비가 많이 내리는군요, 그렇지 않으면 벌써 거리에 물건 사러 갔을 겁니다.

不然 앞에 要, 倘若(문어체에 많이 쓰임)를 붙이거나, 뒤에 ~的话를 첨가하면 가정의 어기가 높아집니다.

星期天你带孩子们出去玩儿，要不然他们会不高兴的。
Xīngqītiān nǐ dài háizimen chūqu wánr, yàoburán tāmen huì bù gāoxìng de.
일요일에 아이들을 데리고 놀러 가세요. 그렇지 않으면 걔들은 분명 토라질 거예요.

她一定有什么急事，倘若不然，绝不会走得这样匆忙。
Tā yídìng yǒu shénme jíshì, tǎngruò bùrán, jué bú huì zǒude zhèyàng cōngmáng.
그녀는 분명 무슨 급한 용무가 있을 거예요. 그렇지 않으면 이렇게 급하게 나갈 리가 없어요.

2 '만약 이게 아니면 혹시 ~'라는 뜻을 나타내며, 앞에서 말하는 것 이외의 다른 상황을 이끌어냅니다. 앞에 再를, 뒤에 就를 수반하는 것이 일반적입니다.

你可以直接叫我的名字，再不然就叫我‘老王’。
Nǐ kěyǐ zhíjiē jiào wǒ de míngzi, zài bùrán jiù jiào wǒ ‘Lǎo Wáng’.
(당신은) 직접 제 이름을 부르세요. 그렇지 않으면 ‘왕씨’라고 부르세요.

星期天上午我常做作业，不然就复习功课，再不然就预习新课。
Xīngqītiān shàngwǔ wǒ cháng zuò zuòyè, bùrán jiù fùxí gōngkè, zài bùrán jiù yùxí xīn kè.
일요일 오전 중에 나는 항상 숙제를 합니다. 그렇지 않으면 수업내용을 복습하든지, 그것도 아니면 새로운 내용을 예습합니다.

不然에는 ‘그렇지 않다’라는 뜻의 형용사 용법이 있습니다. 이것은 술어로만 쓰입니다.

事情果真如此吗？其实不然。 Shìqing guǒzhēn rúcǐ ma? Qíshí bùrán.
일이 과연 이러했던 것일까? 사실은 그렇지 않습니다.

小王学习很刻苦，小张则不然。 Xiǎo Wáng xuéxí hěn kèkǔ, Xiǎo Zhāng zé bùrán.
왕씨는 공부에 몹시 애를 쓰고 있지만 장씨는 그렇지 않습니다.

说起来容易，做起来就不然了。 Shuōqilai róngyì, zuòqilai jiù bùrán le.
말하는 것은 쉽습니다만 그것을 실행으로 옮기는 것은 그렇지 않습니다.

3 否则(만일 그렇지 않으면)의 뜻과 용법은 不然과 기본적으로 똑같습니다만, 否则는 앞에 要, 倘若, 再를 첨가할 수 없습니다. 형용사로서의 용법도 없습니다.

1 중국어로 작문해보세요.

① 만약 비가 온다면 나는 오지 않을 것입니다.

➜ ____

② 그녀는 우등생이기도 하고 스포츠선수이기도 합니다.

➜ ____

③ 비록 여름이지만 우리가 있는 곳은 덥지 않습니다.

➜ ____

④ (당신이) 천천히 말하기만 하면 알아들을 수 있습니다.

➜ ____

⑤ 이 사전은 좋지 않으므로 나는 사지 않습니다.

➜ ____

⑥ 나도 온천에 가고 싶지만 시간이 없는 것뿐입니다.

➜ ____

⑦ 나는 장기를 두는 것을 좋아하지만 바둑은 더 좋아합니다.

➜ ____

⑧ 당신은 영화를 봅니까, 아니면 경극을 봅니까?

➜ ____

⑨ 나는 식사를 다 하고 나서 친구 집에 갑니다.

➜ ____

⑩ 걸으면서 이야기합시다.

➜ ____

2 뜻이 통하도록 단어를 배열하여 문장을 완성하세요.

① 不仅　而且　性格　长得　漂亮　也　非常　她　好　很
→ ____

② 宁可　几　书店　我　这　书　买到　本　家　多跑　也要
→ ____

③ 决心　大学　既然　上　抓紧　应该　就　学习
→ ____

④ 试验　了　虽然　我　并　灰心　不　但是　失败
→ ____

⑤ 要是　鸟　一　就　飞上　能　我　只　天空
→ ____

⑥ 天气　我　都　怎么样　要　早操　不管　做　每天　坚持
→ ____

⑦ 小王　幸福　吧　干杯　的　小张　咱们　为了　和
→ ____

⑧ 怎么　说　你　做　就　做　怎么　我们
→ ____

⑨ 太　所以　大家　因为　平时　他　自傲　不喜欢　他
→ ____

⑩ 打　时候　我们　的　休息　就　乒乓球　打　或者　羽毛球
→ ____

3 한국어로 해석해보세요.

① Wǒ de gōngzī yuè lái yuè duō le.

➡ __________________

② Jiùshì guā fēng xià yǔ, wǒ yě yídìng lái.

➡ __________________

③ Yīnwèi yǒu bìng, suǒyǐ tā bù néng shàngkè.

➡ __________________

④ Nǐ zuòhǎo zuòyè, ránhòu qù wánr!

➡ __________________

⑤ Wǒ qù Guǎngzhōu, tā yě qù Guǎngzhōu.

➡ __________________

4 ( ) 안에 알맞은 관련사를 써넣으세요.

① ( )你不努力学习, ( )一定考不上名牌学校。

② ( )我不想去, ( )有事不能去。

③ 我们( )唱歌, ( ) 跳舞。

④ 长江下游地区, ( )风景美丽, ( )物产丰富。

⑤ 我们的生活( )困难, ( )送孩子上大学呢?

⑥ 上午我( )做作业, ( )复习功课。

⑦ 昨天晚上( )没能来看你, 是( )我有一个会。

⑧ 这件衣服好是好, ( )稍微小了点儿。

⑨ ( )你去, 能解决问题。

⑩ ( )实现自己的目标, 我们正在努力奋斗。

PART ❷ 문장으로 정리하는 어법

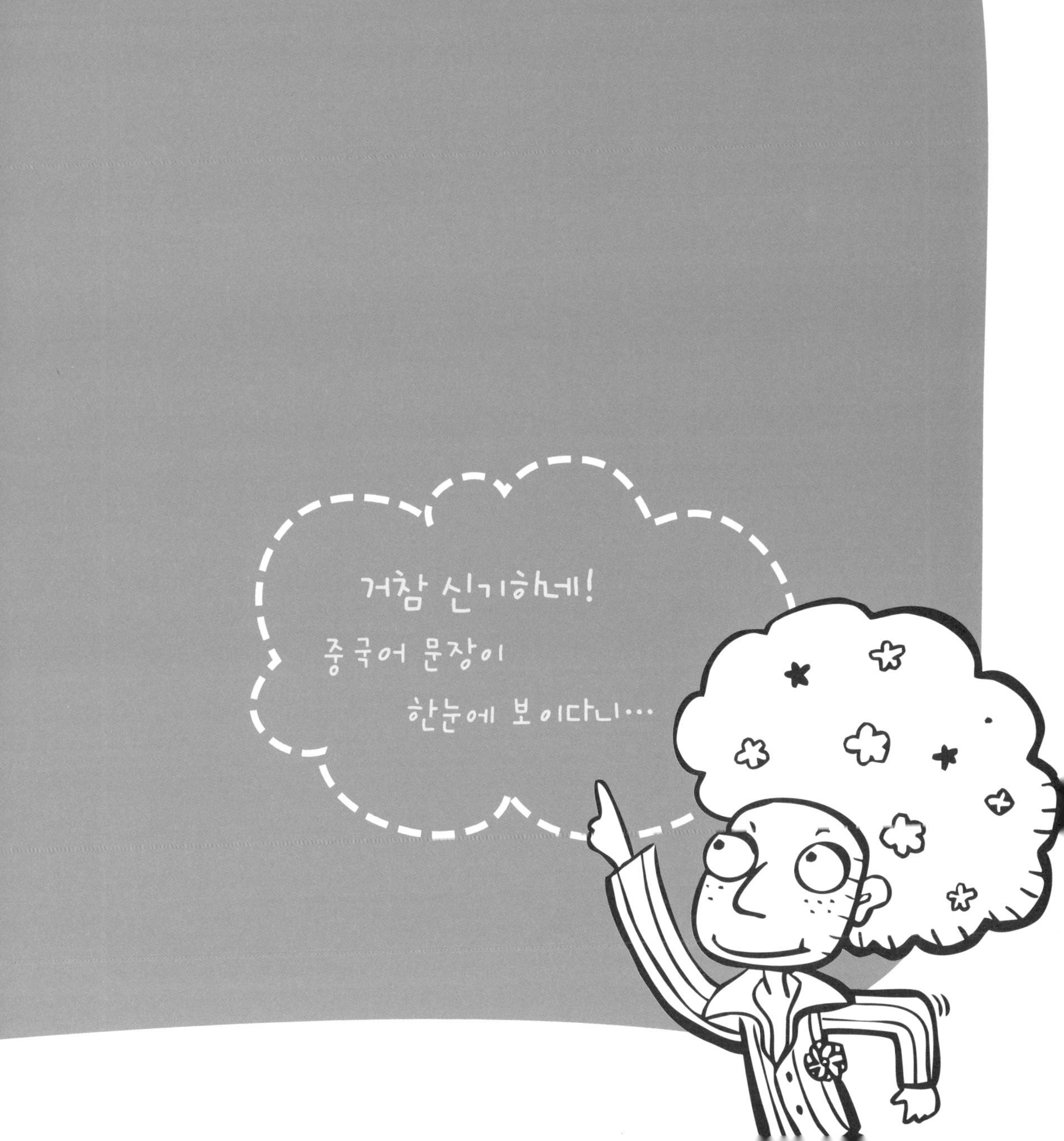
거참 신기하네!
중국어 문장이
한눈에 보이다니…

1 문장의 종류

● 문장의 성립 ●

언어를 배운다는 것은 '문장을 이해하고 사용한다'는 의미로 받아들일 수 있습니다. "앗!", "어머나!", "응" 등의 외마디를 할 줄 안다고 그 언어를 안다고는 할 수 없지요.

문장이란 '의미를 전달하는 언어 단위' 중 하나입니다. '주어 + 술어' 혹은 '주어 + 술어 + 목적어' 식의 구조가 아니라 독립된 하나의 의미가 완전히 전달되었는지, 말하고자 하는 내용이 완전하게 전달되고 있는지의 여부가 문장성립의 기준이 됩니다.

"谁? Shéi?"는 단어 하나이지만 "누구세요?"라는 의미가 충분히 전달됩니다. 마찬가지로 "我。Wǒ. (저예요)" 하고 대답할 때도 역시 한 문장이면 됩니다.

"要努力把环境变得更美好。Yào nǔlì bǎ huánjìng biànde gèng měihǎo." 이 문장은 많은 단어와 구로 구성되어 무척 복잡해 보이지만, 문장이라고 할 수 없습니다. '누가' 노력해야 하는지, 중요한 정보(주체)가 빠져 있기 때문이지요.

● 단문과 복문 ●

단문	: 주어 1개 + 술어 1개로 구성된 문장
복문	: 단문이 2개 이상 연결된 문장
주술문	: 주어 + 술어로 이루어진 문장
비주술문	: 주어나 술어 중 하나가 없는 문장

● 동사술어문 ●

동사술어문은 '술어의 주요 부분이 동사'인 문장입니다. 술부의 구성에 따라서 9가지로 나눕니다.

1 주어 + 동사

他来。Tā lái. 그는 옵니다.

弟弟走了。Dìdi zǒu le. 남동생은 갔습니다.

2 주어 + 동사 + 목적어

我们学习中文。Wǒmen xuéxí Zhōngwén. 우리는 중국어를 배웁니다.

那叫'椅子'。Nà jiào 'yǐzi'. 저것은 '의자'라고 합니다.

你想什么? Nǐ xiǎng shénme? 당신은 무슨 생각을 하고 있어요?

3 주어 + 동사 + 목적어① + 목적어②　콕콕핵심 013 참고

她教我们法语。Tā jiào wǒmen Fǎyǔ. 그녀는 우리에게 프랑스어를 가르칩니다.

他给了朋友一枝毛笔。Tā gěile péngyou yì zhī máobǐ. 그는 친구에게 붓을 한 자루 주었습니다.

我告诉他这件事。Wǒ gàosu tā zhè jiàn shì. 저는 그에게 이 사실을 알렸습니다.

4 주어 + 부사어 + 동사

他刚出去。Tā gāng chūqu. 그는 방금 나갔습니다.

你明天来吧。Nǐ míngtiān lái ba. (당신은) 내일 오세요.

5 주어 + 동사 + 보어

作业做完了。Zuòyè zuòwán le. 숙제는 다 했습니다.

我跑了三趟。Wǒ pǎole sān tàng. 저는 3번 갔습니다.

6 주어 + 부사어 + 동사 + 보어

你的确说得好。Nǐ díquè shuōde hǎo. 당신은 확실히 말을 잘합니다.

他高兴地笑了起来。Tā gāoxìngde xiàole qǐlai. 그는 기뻐서 웃기 시작했습니다.

我在首尔游览了三天。Wǒ zài Shǒu'ěr yóulǎnle sān tiān. 저는 서울을 3일간 관광했습니다.

7 주어 + 동사 + 보어 + 목적어

他握住了我的手。Tā wòzhùle wǒ de shǒu. 그는 제 손을 꼭 잡았습니다.

你拿走这本书。Nǐ názǒu zhè běn shū. 당신은 이 책을 가지고 가세요.

8 주어 + 동사① + 목적어 + 동사② (+ 목적어)

我们看电影去。Wǒmen kàn diànyǐng qù. 우리는 영화를 보러 갑니다.

大家去公园练武术。Dàjiā qù gōngyuán liàn wǔshù. 모두 공원에 가서 무술을 연습합니다.

9 주어 + 동사① + 겸어 + 동사②

妈妈叫我睡。Māma jiào wǒ shuì. 어머니는 나에게 자라고 하셨습니다.

我们请他演出。Wǒmen qǐng tā yǎnchū. 우리는 그에게 공연을 부탁합니다.

● 형용사술어문 ●

형용사술어문이란 '술어의 주요 부분이 형용사'인 문장입니다. 술부의 구성 요소에 따라서 4가지로 나뉩니다.

1 주어 + 형용사

那本书好。 Nà běn shū hǎo. 그 책은 좋습니다.

这间屋子很干净。 Zhè jiān wūzi hěn gānjìng. 이 방은 깨끗합니다.

那儿的环境优美呀。 Nàr de huánjìng yōuměi ya. 그곳의 환경은 쾌적합니다.

2 주어 + 부사어 + 형용사

부사어는 정도, 시간, 장소, (아주 적은 경우이지만) 방식을 나타냅니다.

桂林的山水非常美。 Guìlín de shānshuǐ fēicháng měi. 꾸이린(계림)의 풍경은 아주 아름답습니다.

他真热情。 Tā zhēn rèqíng. 그는 정말 친절합니다.

十月，枫叶渐渐地红了。 Shíyuè, fēngyè jiànjiànde hóng le. 10월, 단풍잎이 점점 붉어졌습니다.

주어와 술어 사이에 부사어가 있더라도 문장 맨 앞에 또 올 수 있습니다.

在家里她很娇气。 Zài jiāli tā hěn jiāoqì. 집에서 그녀는 아주 응석받이입니다.

3 주어 + 형용사 + 보어

这件衣服漂亮极了。 Zhè jiàn yīfu piàoliang jí le. 이 옷은 아주 예쁩니다.

最近的工作忙得不得了。 Zuìjìn de gōngzuò mángde bùdéliǎo. 요즘 일이 매우 바쁩니다.

4 주어 + 부사어 + 형용사 + 보어

她比我小三岁。 Tā bǐ wǒ xiǎo sān suì. 그녀는 나보다 3살 연하입니다.

● 명사술어문 ●

명사술어문이란 '술어 부분이 명사(구)'로 구성된 문장입니다. 기일, 날씨, 계절, 출신지 등을 말할 때 사용합니다. 수량사가 사용될 경우에는 대개 나이, 시간, 길이, 무게, 가격 등을 나타냅니다.

1 주어 + 명사

今天晴天。 Jīntiān qíngtiān. 오늘은 맑습니다.

昨天星期三。 Zuótiān xīngqīsān. 어제는 수요일이었습니다.

明天晚上除夕。 Míngtiān wǎnshang chúxī. 내일 밤은 그믐날 밤입니다.

2 주어 + 명사구

这孩子高个儿。Zhè háizi gāogèr. 이 아이는 키가 큽니다.

我上海人。Wǒ Shànghǎirén. 저는 상하이 출신입니다.

他理发的。Tā lǐfà de. 그는 이발사입니다.

姐姐二十五。Jiějie èrshíwǔ. 누나는 25살입니다.

3 주어 + 대사

喂！你怎么了？ Wèi ! Nǐ zěnme le? 여보세요, 당신은 어떻다구요?

你说的那个人，谁呀？ Nǐ shuō de nàge rén, shéi ya ? 당신이 말하는 그 사람이 누구입니까?

4 주어 + 부사어 + 명사

今天已经星期五了。Jīntiān yǐjing xīngqīwǔ le. 오늘은 벌써 금요일입니다.

三斤香蕉一共十块钱。Sān jīn xiāngjiāo yígòng shí kuàiqián. 바나나 3근이 전부 10위엔입니다.

她才十八岁。Tā cái shíbā suì. 그녀는 겨우 18살입니다.

● 주술술어문 ●

주술술어문이란 '술어 부분이 주술구(小주어 + 小술어)'로 구성되어 있는 문장입니다. '코끼리는 코가 길다'와 같은 구성이지요.

대(大)주어 + 소(小)주어 + 소(小)술어

哥哥身材高。Gēge shēncái gāo. 형은 키가 큽니다.

他性格温和。Tā xìnggé wēnhé. 그는 성격이 온화합니다.

她工作非常忙。Tā gōngzuò fēicháng máng. 그녀는 일이 아주 바쁩니다.

这所学校学习环境比较好。Zhè suǒ xuéxiào xuéxí huánjìng bǐjiào hǎo.
이 학교는 학습환경이 비교적 좋습니다.

● 간략문 ●

간략문은 '주어가 생략되었거나 다른 말로 대체된
문장'입니다. 간략문이 쓰이는 상황은 다음 4가지로
나뉩니다.

1 직접 마주하고 말할 때

他问小李 ： 同意吗？　Tā wèn Xiǎo Lǐ : Tóngyì ma?
그는 이씨에게 물었습니다. : (당신은) 찬성합니까?

我连忙站起身对小张说 ： 别张罗了，我还有事，这就走。
Wǒ liánmáng zhàn qǐ shēn duì Xiǎo Zhāng shuō : Bié zhāngluo le, wǒ hái yǒu shì, zhè jiù zǒu.
나는 다급하게 서서 장씨에게 말했습니다. : (당신은) 일어서지 마세요. 나는 아직 일이 남아 있어서 이만 실
례하겠습니다.

2 대화문에서

大家累了吧？　Dàjiā lèi le ba?　여러분 피곤하셨죠?

➡ 不累。bú lèi. (우리는) 안 피곤합니다.

你学汉语吗？　Nǐ xué Hànyǔ ma?　당신은 중국어를 배웁니까?

➡ 学。xué. (저는) (중국어를) 배우고 있습니다.

3 상하문 : 앞문장 혹은 뒷문장의 주어 생략

室外有好多人，正在打扫卫生。Shìwài yǒu hǎoduō rén, zhèngzài dǎsǎo wèishēng.
밖에는 많은 사람들이 있고 대청소를 하고 있습니다.

要不是生病，他不会不来上课。Yào bú shì shēngbìng, tā bú huì bù lái shàng kè.
병에 걸리지 않는 한, 그는 수업에 오지 않을 수 없습니다.

4 자기 스스로 서술할 때

收到来信，非常高兴。Shōudào láixìn, fēicháng gāoxìng.
편지를 받아서, (저는) 아주 기쁩니다. 〈편지〉

星期天上午，复习汉语；下午，打了一会儿网球。
Xīngqītiān shàngwǔ, fùxí Hànyǔ; xiàwǔ, dǎle yíhuìr wǎngqiú.
일요일 오전에 중국어를 복습했다. 오후엔 잠깐 테니스를 쳤다. 〈일기〉

● 무주어문 ●

무주어문이란 '주어가 없고 술어만으로 구성된 문장'을 말합니다.

1 자연현상

출현의 상황을 설명하며, 대부분 문장 끝에 了를 수반합니다.

下雨了。Xià yǔ le. 비가 온다.

刮风了。Guā fēng le. 바람이 불었습니다.

出太阳了。Chū tàiyáng le. 햇빛이 났습니다.

上课了。Shàng kè le. 수업을 시작합니다.

开饭了。Kāi fàn le. 식사시간입니다.

2 요구나 금지

게시판 등에 많이 쓰입니다.

爱护花木。Àihù huāmù. 화초를 사랑합시다.

请勿入内。Qǐng wù rù nèi. 안에 들어가지 마세요.

禁止吸烟。Jìnzhǐ xī yān. 흡연 금지

3 소망

祝您一路平安。Zhù nín yílù píng'ān! 잘 다녀오십시오!

为我们的友谊，干杯！Wèi wǒmen de yǒuyì, gānbēi! 우리의 우정을 위하여 건배!

4 현존

有人来了。Yǒu rén lái le. 누가 왔습니다.

墙上挂着一幅画。Qiángshang guàzhe yì fú huà. 벽에 그림이 걸려 있습니다.

5 격언, 속담

活到老，学到老。Huó dào lǎo, xué dào lǎo. 늙어 죽을 때까지 배움은 끝나지 않는다.

饮水不忘掘井人。Yǐn shuǐ bú wàng juéjǐngrén. 물을 마실 때는 우물 판 사람을 생각한다. (은혜를 잊지 않다)

● 일어문 ●

일어문이란 '하나의 단어 또는 하나의 구로 구성된 문장'을 의미합니다.

1 놀람, 발견

飞机! Fēijī! 비행기!　　　　狼! Láng! 늑대!　　　火! Huǒ! 불!

2 사태 발생의 시간, 장소

一九八九年春。 Yī jiǔ bā jiǔ nián chūn. 1989년 봄

天坛公园。 Tiāntán gōngyuán. 천단공원

3 요구

水! shuǐ! 물 주세요.　　　出发! chūfā! 출발합시다.　　　票! piào! 표를 주세요.

4 사람 · 사물에 대한 평가

多么可爱的小孩儿! Duōme kě'ài de xiǎoháir! 얼마나 귀여운 아이인가.

好漂亮的衣服! Hǎo piàoliang de yīfu! 아주 예쁜 옷이군요.

5 부름

李大娘! Lǐ dàniáng! (이씨) 아주머니!　　　老师! Lǎoshī! 선생님!　　　喂! Wèi! 여보세요!

6 대답

是! Shì! 네.　　　行! Xíng! 좋아요.　　　好吧! Hǎo ba! 좋아요.

算了! Suàn le! 됐어요.　　　不! Bù! 아니에요.

7 감탄

唉! Āi! 아이!　　　哎呀! Āiyā! 어머!

8 의성어

哗，哗! Huā, huā! 콸콸 (비나 물의 소리)

轰隆隆，轰隆隆! Hōnglónglóng, hōnglónglóng! 덜커덕 (열차의 소리)

9 인사말

借光! Jièguāng! 실례합니다.　　　谢谢! Xièxie! 고맙습니다.

不敢当! Bù gǎndāng! 천만의 말씀입니다.　　　劳驾! Láojià! 수고하십니다. / 실례합니다.

再见! Zàijiàn! 안녕히 계세요.　　　对不起! Duìbuqǐ! 죄송합니다.

2 문장의 성격

● **문장의 성격 5가지** ●

문장은 진술하는 태도에 따라서 5가지로 분류됩니다.

평서문 : 긍정문 | 부정문
의문문 : 吗의문문 | 정반의문문 | 선택의문문 | 의문사의문문 | **是不是** 의문문 |
呢의문문
명령문
감탄문
반어문

● 평서문 ●

어떤 사실에 대해 진술하거나 설명하는 문장입니다.

1 긍정문

我写字。 Wǒ xiě zì. 나는 글씨를 씁니다.

这部影片真好。 Zhè bù yǐngpiàn zhēn hǎo. 이 영화는 정말로 훌륭합니다.

今年我打算去中国。 Jīnnián wǒ dǎsuàn qù Zhōngguó. 올해 나는 중국에 갈 예정입니다.

2 부정문

这种花不好看。 Zhè zhǒng huā bù hǎokàn. 이 종류의 꽃은 아름답지 않습니다.

我不买东西。 Wǒ bù mǎi dōngxi. 나는 물건을 사지 않습니다.

他没来。 Tā méi lái. 그는 오지 않았습니다.

这个问题非解决不可。 Zhège wèntí fēi jiějué bù kě.
이 문제는 해결하지 않으면 안 됩니다.

看来，这只是传闻，未必可信。 Kànlái, zhè zhǐ shì chuánwén, wèi bì kě xìn.
보니까, 이것은 단지 소문일 뿐 꼭 믿을 수 있는 것은 아니다.

● 의문문 ●

사실이나 상황에 대한 물음을 나타내는 문장입니다. 대답할 때는 일반적으로 본문에 쓰인 술어를 그대로 사용합니다. 의문부호를 붙이며 문장 끝을 올려서 읽습니다.

1 吗의문문

평서문의 문장 끝에 吗를 붙입니다. 한국어의 '~까?'와는 조금 다릅니다. '~까?'는 문장 안에 '누구', '무엇' 등의 의문대사를 함께 쓸 수 있지만, 吗는 '네', '아니오'로 대답할 수 있을 때만 씁니다.

你买课本吗? Nǐ mǎi kèběn ma? 당신은 교과서를 삽니까?

◐ 买，我买课本。 Mǎi, wǒ mǎi kèběn. 네, 나는 교과서를 삽니다.

◐ 不买，我不买课本。 Bù mǎi, wǒ bù mǎi kèběn. 아니오, 나는 교과서를 사지 않습니다.

술어(동사, 형용사)의 긍정형과 부정형을 이어 쓰는 형태의 의문문입니다. 吗는 붙일 수 없고, 啊나 呢를 붙여서 어조를 부드럽게 만들 수 있습니다.

목적어가 있을 때는 목적어를 긍정과 부정 사이에 놓을 수 있습니다. 조동사가 있으면, 동사가 아니라 조동사의 긍정형과 부정형을 이어 씁니다.

你们 去不去? Nǐmen qù bu qù? 당신들은 갑니까 가지 않습니까?

这本书 好不好? Zhè běn shū hǎo bu hǎo? 이 책은 좋습니까 좋지 않습니까?

你 有没有 手机? Nǐ yǒu méi you shǒujī?

你 有手机 没有? Nǐ yǒu shǒujī méi you? 당신은 휴대폰을 가지고 있습니까?

你 会不会 弹吉他? Nǐ huì bu huì tán jítā? 당신은 기타를 칠 수 있습니까?

➡ 会。Huì. / 不会。Bú huì. 네. / 아니오.

(×) 你会弹不会吉他?

老师说的意思，你 懂不懂啊? Lǎoshī shuō de yìsi, nǐ dǒng bu dǒng a?
선생님께서 말씀하신 의미를 당신은 이해합니까?

我送你的小说，看不看呢? Wǒ sòng nǐ de xiǎoshuō, kàn bu kàn ne?
내가 당신에게 보낸 소설을 읽고 있습니까?

A 还是 B?
是 A 还是 B?
是 A 还是 B 还是 C…?

둘 중 하나의 선택을 요구하는 의문문으로, 접속사 还是를 써서 표현합니다.

你是老师，还是学生? Nǐ shì lǎoshī, háishì xuéshēng? 당신은 선생님입니까, 아니면 학생입니까?

是你去，还是他去? Shì nǐ qù, háishì tā qù? 당신이 갑니까, 그가 갑니까?

你是回宿舍，还是去游泳池，还是去图书馆?
Nǐ shì huí sùshè, háishì qù yóuyǒngchí, háishì qù túshūguǎn?
당신은 기숙사로 돌아갑니까, 아니면 수영장에 갑니까, 아니면 도서관에 갑니까?

의문대사를 사용하여 상대방에게 구체적인 대답을 요구하는 의문문입니다.

① 사물·사람에 대해서 물을 때 : [什么] 무엇, 어떤 | [哪个] 어느 쪽, 어느 것 | [谁] 누구

这是什么? Zhè shì shénme? 이것은 무엇입니까?

你买什么东西? Nǐ mǎi shénme dōngxi? 당신은 어떤 물건을 삽니까?

你要哪个? Nǐ yào nǎge? 당신은 어느 것을 원합니까?

您是哪个学校的? Nín shì nǎge xuéxiào de? 당신은 어느 학교 소속입니까?

他是谁? Tā shì shéi? 그는 누구입니까?

* 谁는 이름이나 신분 등을 묻는 것이 가능하지만, 什么人은 '어떤 사람'이라는 의미가 강하기 때문에 사람의 이름을 물을 때는 사용하지 않습니다.

② 장소를 물을 때 : [哪儿] [哪里] 어디

你去哪儿? Nǐ qù nǎr? 당신은 어디로 갑니까?

他们是从哪儿来的? Tāmen shì cóng nǎr lái de? 그들은 어디에서 왔습니까?

你住什么地方? Nǐ zhù shénme dìfang? 당신은 어떤 곳에 살고 있습니까?

* 什么地方도 哪儿처럼 '어디', '어느 곳'으로 쓰입니다.

③ 시각 · 시간을 물을 때 : [几点] 몇 시 | [什么时候(儿)] 언제

现在几点? xiànzài jǐ diǎn? 지금 몇 시예요?

你们是什么时候回来的? Nǐmen shì shénme shíhou huílái de? 여러분은 언제 돌아왔습니까?

你还不知道现在是什么时候儿了? Nǐ hái bù zhīdào xiànzài shì shénme shíhou le?
당신은 아직 지금이 어느 때인지 모릅니까?

* 什么时候(儿)는 시각 외에 아침 · 점심 · 저녁의 구별, 또는 어떤 시간, 어떤 시대를 묻는 의문사로도 쓰입니다.

④ 성질 · 상태 · 방식 · 동작 · 이유를 물을 때 : [怎么样] 어때요? | [怎么] 어떻게, 왜 | [为什么] 왜

天气怎么样? Tiānqì zěnmeyàng? 날씨는 어때요?

这个字怎么念? Zhè ge zì zěnme niàn? 이 글자는 어떻게 읽습니까?

怎么走才好? Zěnme zǒu cái hǎo? 어떻게 가면 좋을까요?

你怎么不买? Nǐ zěnme bù mǎi? 당신은 왜 사지 않습니까?

他怎么还不来呢? Tā zěnme hái bù lái ne? 그는 왜 아직까지 오지 않습니까?

你们为什么不用功呢? Nǐmen wèishénme bú yònggōng ne? 여러분은 왜 열심히 공부하지 않습니까?

* '어떻게 됐어?' '어떻게 했어?'라고 물을 때는 뒤에 '你怎么了?'를 덧붙입니다.

⑤ 정도를 물을 때 : [多] 얼마, 어느 정도

长城多长呢? Chángchéng duō cháng ne? 만리장성의 길이는 어느 정도 입니까?

这栋大楼多高? Zhè dòng dàlóu duō gāo? 이 건물은 높이가 어느 정도 됩니까?

* 多는 多大(크기), 多远(거리), 多深(깊이), 多厚(두께) 등으로 구체적인 수치를 묻습니다.

⑥ 수량을 물을 때 : [几] 몇(10 미만의 수) | [多少] 얼마, 어느 정도(10 이상의 수)

你要几个? Nǐ yào jǐ ge? 당신은 몇 개나 필요합니까?

你家有几口人? Nǐ jiā yǒu jǐ kǒu rén? 당신은 가족이 몇 명입니까?

你们公司有多少职员? Nǐmen gōngsī yǒu duōshao zhíyuán? 당신의 회사에는 직원이 얼마나 있습니까?

문장 끝에 是不是를 첨가하여 한국어의 '~지요?' '~군요'와 같은 분위기를 나타냅니다.
문장 맨 앞에 놓일 때도 있습니다.

你明天回国, 是不是? Nǐ míngtiān huíguó, shì bu shì? 당신은 내일 귀국하시지요?
是不是她已经结婚了? Shì bu shì tā yǐjing jiéhūn le? 그녀는 벌써 결혼했겠지요?

6 呢의문문

어떤 특별한 상황에서 명사(구) 뒤에 呢를 첨가합니다. 생략의문문이라고도 합니다.

明天我们要去爬山, 你呢? Mingtiān wǒmen yào qù pá shān, nǐ ne?
내일 우리는 산에 갈 예정인데, 당신은요?
我最近工作很忙, 你呢? Wǒ zuìjìn gōngzuò hěn máng, nǐ ne? 나는 요즘 일이 바쁜데, 당신은요?

● 명령문 ●

특별한 문형이 있는 것이 아니라 '누가 누구를 향해 말하고 있는가'에 따라 평서문이 명령
문으로 변화합니다.(他说。 그는 말합니다. | 你说! 당신이 말하세요.) 여기에 따라 정중하게 부탁
하는 말이 되기도 하고 무례한 요구가 되기도 합니다. 주로 你, 你们을 주어로 하는 명령문
이 많은데, 주어 없이 동사(구)로만 표현할 수도 있습니다.

你看! Nǐ kàn! 자, 봐!　　你听! Nǐ tīng! 자 들어봐!　　进来! Jìn lai! 들어오세요.
出去! Chū qu! 나가라.　　看! Kàn! 봐!

* 请이나 吧를 첨가하면 부드러운 표현이 되어 의뢰 · 권고 · 제안의 뜻을 나타냅니다.
请坐! Qǐng zuò! 앉으십시오.
趁热吃吧! Chèn rè chī ba! 뜨거울 때 드세요.
快来吧! Kuài lái ba! 빨리 오세요.

* 동사 앞에 不要, 别, 不必, 不用 등을 첨가하면 '~하지 말라, ~하면 안 된다', '~할 필요는 없다'
처럼 금지의 명령문이 됩니다.
别着急! Bié zháojí! 서두르지 마라.
不要讲话! Bú yào jiǎng huà! 이야기하지 마세요.
不必客气! Búbì kèqi! 부끄러워하지 마세요.

你**不用**担心! Nǐ bú yòng dānxīn! 걱정할 필요는 없습니다.

你**不要**吸烟! Nǐ bú yào xī yān! 담배를 피우지 마세요.

* 형용사를 사용하여 나타내는 금지의 명령문도 있습니다.

安静。 Ān jìng. 조용히 해주세요.

你**别忙**! Nǐ bié máng. 급하게 서두르지 마세요.

● 감탄문 ●

격한 감정(기쁨, 슬픔, 분노, 놀람, 소원 등)을 나타내는 문장입니다. 보통 억양을 내리고 문장 끝에 감탄부호를 사용합니다.

[多么~啊 / 真~啊 / 太~了] 얼마나 ~하는가! | **[형용사 + 极了, 得很, 死了]** 얼마나 ~하는가!

他**多么**喜欢音乐**啊**! Tā duōme xǐhuan yīnyuè a! 그는 음악을 얼마나 좋아하는지!

这件毛衣**真**漂亮**啊**! Zhè jiàn máoyī zhēn piàoliang a! 이 스웨터는 정말 아름답군요.

他的学习方法**太好了**。 Tà de xuéxí fāngfǎ tài hǎo le! 그의 학습방법은 정말 훌륭하군요.

好**极了**! Hǎo jí le! 훌륭하군요.

累**得很**! Lèide hěn! 너무 피곤해.

忙**死了**! Máng sǐ le! 바빠 죽겠어.

● 반어문 ●

의문문의 형태를 취하면서 실제로는 강조의 뜻을 포함한 긍정의 메시지를 전달하는 문장입니다. '不是~吗?'의 형태가 많이 쓰입니다.

他**不是**你的儿子**吗**? Tā bú shì nǐ de érzi ma?
그는 당신 아들 아니에요? (당신 아들이잖아요.)

你难道**不**认识我**吗**? Nǐ nándào bú rènshi wǒ ma? 설마 나를 알지 못합니까?

他们就迟到了一会儿, 你**何必**生气**(呢)**? Tāmen jiù chídàole yíhuir, nǐ hébì shēngqì (ne)?
그들이 조금 늦는다고 해도 그렇게까지 화낼 필요는 없지 않습니까?

谁说我干不了? Shéi shuō wǒ gànbuliǎo? 내가 할 수 없다고 누가 말하는가?

他**哪儿有**时间**(啊)**? Tā nǎr yǒu shíjiān (a)? 그가 무슨 시간이 있겠어?

他的文章**难什么**? Tā de wénzhāng nán shénme? 그의 문장이 뭐가 어렵습니까?

3 문장의 성분

● 6가지 문장 성분 ●

한정어 →   한정어 →

주어 + 부사어 + 술어 + 보어 + 목적어

世界上有好多好吃的东西。
한정어   목적어

朋友们都很喜欢我。
부사① 부사② 동사

부정부사
肚子不知道怎样看表。
주어   동사

● 주어와 술어의 관계 ●

일반적인 문장은 '어떤 상황에 대해서(주어) 무엇을 진술한다(술어)'는 형태를 취합니다. 따라서 주어와 술어는 가장 기본적인 요소입니다.

我	学习。	Wǒ xuéxí.	나는 배웁니다.
这	是铅笔。	Zhè shì qiānbǐ.	이것은 연필입니다.
주어	술어		

> 본래 '주부, 술부'라고 부르는 것이 적절하지만 관용적으로 '주어, 술어'라고 지칭합니다.

술어가 앞에 놓일 때도 있습니다. 보통 콤마로 구분하는데, 술어를 말하고 한 박자를 쉰다는 리듬감이 수반됩니다. 긴결한 표현에 일종의 힘이 실리는 특징이 있습니다.

加油啊，同学们！ Jiāyóu a, tóngxuémen! 파이팅, 여러분!

找到了吗，明秀？ Zhǎodào le ma, Míngxiū? 찾았어? 밍시우야?

주어와 술어는 의미상의 상대관계에 따라 더 세부적으로 나뉩니다.

① 주어가 동작이나 행위를 하다

我听着。 Wǒ tīng zhe. 저는 듣고 있습니다.

谁去？ Shéi qù? 누가 갑니까?

姐姐说吧！ Jiějie shuō ba! 누나, 말해주세요.

② 주어가 동작이나 행위를 받다

钢笔找到了。 Gāngbǐ zhǎodào le. 펜은 발견됐습니다.

钢笔叫我找到了。 Gāngbǐ jiào wǒ zhǎodào le. 펜은 나에게 발견됐습니다.

衣服被(太阳)晒干了。 Yīfu bèi (tàiyáng) shàigān le. 옷은 (햇빛에) 말렸습니다.

自行车(让他)骑走了。 Zìxíngchē ràng tā qízǒu le. 자전거는 (그가) 타고 가버렸다.

> 의미상으로 수동이므로 술어 앞에 被, 叫, 让 등 수동을 나타내는 개사를 첨가할 수 있습니다.

③ 주어의 상태가 술어에서 묘사·설명되다

这儿的风景美极了。 Zhèr de fēngjǐng měi jí le. 여기의 풍경은 아주 아름답습니다.

明天中秋节。 Míngtiān Zhōngqiūjió. 내일은 추석입니다.

母亲身体健康。 Mǔqin shēntǐ jiànkāng. 어머님은 몸이 건강합니다.

小王是售货员。 Xiǎo Wáng shì shòuhuòyuán. 왕씨는 판매원입니다.

他有一块表。 Tā yǒu yí kuài biǎo. 그는 시계를 가지고 있습니다.

> 일반적으로 술어는 형용사, 명사, 주술구, 是동사, 有동사입니다.

● 술어와 목적어의 관계 ●

중국어의 목적어는 한국어나 영어보다 가리키는 범위가 넓습니다. 동작의 대상이나 동작에 의해 일어나는 결과, 동작이 행해지거나 도달하거나 하는 장소·수단 등을 나타냅니다.

早晨我看见李明了。 Zǎochén wǒ kànjiàn Lǐ Míng le. 이른 아침 나는 리밍 씨를 봤습니다.

我去中国。 Wǒ qù Zhōngguó. 저는 중국에 갑니다.

弟弟在听音乐。 Dìdi zài tīng yīnyuè. 남동생은 음악을 듣고 있습니다.

孩子们吃苹果吧。 Háizimen chī píngguǒ ba. 아이들은 사과를 먹어라.

목적어는 보통 술어 뒤에 오는데, 강조하거나 대비할 때는 목적어가 주어 앞이나 술어 앞에 올 수 있습니다.

你的电子邮件，我收到了。 Nǐ de diànzǐ yóujiàn, wǒ shōudào le. 메일은 잘 받았습니다.

我英语学过，中文没学过。 Wǒ Yīngyǔ xuéguo, Zhōngwén méi xuéguo.

저는 영어를 공부한 적이 있습니다만 중국어는 공부한 적이 없습니다.

술어와 목적어 간 의미상의 상대관계에 따라 더 세부적으로 나눕니다.

① 목적어는 동작·행위의 대상이다

我不认识他。 Wǒ bú rènshi tā. 나는 그를 모릅니다.

谢谢你们。 Xièxie nǐmen. 당신들께 감사 드립니다.

你喝茶吗? Nǐ hē chá ma? 당신은 차를 마십니까?

② 목적어는 동작을 행한다

今天走了三个人。 Jīntiān zǒu le sān ge rén. 오늘 3명이 떠났습니다.

大厅里坐着两个老乡。 Dàtīngli zuòzhe liǎng ge lǎoxiāng. 로비에는 2명의 동향인이 앉아 있습니다.

村子里住着几十户人家。 Cūnzili zhùzhe jǐ shí hù rénjiā. 마을에는 수십 호의 인가가 살고 있습니다.

他去年死了母亲。 Tā qùnián sǐle mǔqīn. 그는 작년에 어머니를 잃었습니다.

③ 목적어는 동작·행위의 결과이다

我写信。 Wǒ xiě xìn. 저는 편지를 씁니다.

这儿要盖两座楼房。 Zhèr yào gài liǎng zuò lóufáng. 여기에 빌딩 두 채를 짓고 싶습니다.

④ 목적어는 동작에 사용되는 도구이다

他洗冷水。 Tā xǐ lěngshuǐ. 그는 차가운 물로 몸을 씻습니다.

我写毛笔。 Wǒ xiě máobǐ. 나는 붓으로 씁니다.

⑤ 목적어는 동작 · 행위가 도달하는 장소이다

他去办公室了！ Tā qù bàngōngshì le. 그는 사무실에 갔습니다.

⑥ 목적어는 동작 · 행위의 수량이다

我买了两斤。 Wǒ mǎile liǎng jīn. 저는 2근 샀습니다.

这么多人才喝了一瓶。 Zhème duō rén cái hēle yì píng. 이렇게 많은 사람이 딱 1병 마셨을 뿐입니다.

⑦ 목적어는 동작 · 행위의 원인 혹은 목적이다

大家担心出问题。 Dàjiā dānxīn chū wèntí. 모두들 문제가 생길까 걱정하고 있습니다.

他跑买卖了。 Tā pǎo mǎimài le. 그는 장사 때문에 뛰어 돌아다니고 있습니다.

■ 주어

① 부사를 제외한 모든 품사는 주어가 될 수 있다

[명사] 工作很有意义。 Gōngzuò hěn yǒu yìyì. 일하는 것은 의미가 있습니다.

友谊是可贵的。 Yǒuyì shì kěguì de. 우정은 귀한 것입니다.

[대명사] 那是什么？ Nà shì shénme? 저것은 무엇입니까?

他喜欢游泳。 Tā xǐhuan yóuyǒng. 그는 수영을 좋아합니다.

[수사] 零也是个数字。 Líng yě shì ge shùzì. 0도 숫자입니다.

六等于三的两倍。 Liù děngyú sān de liǎng bèi. 6은 3의 2배입니다.

[양사] (我买了几件衬衣) 件件都好看。
(Wǒ mǎile jǐ jiàn chènyī) jiànjiàn dōu hǎokàn.
(나는 몇 장의 셔츠를 샀는데) 한 벌 한 벌이 다 예쁩니다.

(你做的几样菜) 样样都合我们的口味。
(Nǐ zuò de jǐ yàng cài) yàngyàng dōu hé wǒmen de kǒuwèi.
(당신이 만든 몇 개의 요리는) 어느 것도 다 우리 입맛에 맞습니다.

해당 명사가 앞에 확실히 나올 때, 件件, 样样처럼 양사를 중첩하여 명사로 쓸 수 있습니다.

[동사] 打是不能解决问题的。 Dǎ shì bù néng jiějué wèntí de.
때리는 것은 문제해결이 안 됩니다.

说说倒容易(做起来就难了)。
Shuōshuo dào róngyì (zuòqǐlai jiù nán le).
말하는 것은 오히려 쉽습니다. (행동하는 것은 어렵습니다)

동사, 형용사가 그대로 주어가 되는 것이 중국어의 특징 입니다. 이 경우 술어는 형용사나 是, 使, 有 등입니다.

[형용사] 虚心使人进步。 Xūxīn shǐ rén jìnbù. 겸허함은 사람을 향상시킵니다.

骄傲使人落后。 Jiāo'ào shǐ rén luòhòu.
오만함은 사람을 낙후시킵니다.

② 주어가 되는 구

[명사구]　我的家乡是首尔。Wǒ de jiāxiāng shì Shǒu'ěr. 제 고향은 서울입니다. 〈명사구〉

这两张足球票是老师的。Zhè liǎng zhāng zúqiú piào shì lǎoshī de.
이 2장의 축구 티켓은 선생님 것입니다. 〈수량사구〉

食堂旁边是图书馆。Shítáng pángbiān shì túshūguǎn. 식당 옆은 도서관입니다. 〈방위사구〉

他和她是好朋友。Tā hé tā shì hǎo péngyou. 그와 그녀는 좋은 친구입니다. 〈등위구〉

好事多磨是常用的成语。Hǎoshì duō mó shì chángyòng de chéngyǔ.
'좋은 일에는 방해가 많기 마련이다'란 흔히 쓰이는 성어입니다. 〈성어 같은 고정구〉

红的是花，绿的是叶。Hóng de shì huā, lǜ de shì yè.
붉은 것은 꽃이고 녹색은 잎입니다. 〈的구〉

[동목구]　写汉字对我们并不容易。Xiě hànzì duì wǒmen bìng bù róngyì.
한자를 쓰는 것이 우리에겐 결코 쉬운 일이 아닙니다.

[동사성 수식구]　（这是事实）不承认也不行。(Zhè shì shìshí) bù chéngrèn yě bù xíng.
（이것은 사실이니까） 인정하지 않을 수 없습니다.

[형용사성 수식구]　太骄傲迟早会栽跟头。Tài jiāo'ào chízǎo huì zāi gēntou.
아주 거만하면 언젠가는 실패할 것이다.

[주술구]　你去就行。Nǐ qù jiù xíng. 당신이 가면 됩니다.

[보충구]　跑得太快容易摔倒。Pǎode tài kuài róngyì shuāidǎo. 너무 빨리 뛰면 넘어지기 쉽습니다.
洗干净了就好。Xǐ gānjìng le jiù hǎo. 깨끗이 씻으면 그것으로 됩니다.

■ 술어

① 술어가 되는 품사

[동사]　他休息。Tā xiūxi. 그는 쉽니다.

[형용사]　房间小。Fángjiān xiǎo. 방은 작습니다.

[명사]　昨天阴天。Zuótiān yīntiān. 어제는 날씨가 흐렸습니다. 〈날씨〉
五月五日端午节。Wǔ yuè wǔ rì Duānwǔjié. 5월 5일은 단오절입니다. 〈일시〉
终点站釜山。Zhōngdiǎn zhàn Fǔshān. 종점은 부산입니다. 〈지명〉
我北京人。Wǒ Běijīngrén. 저는 베이징 사람입니다. 〈출신〉
他三十岁。Tā sānshí suì. 그는 30세입니다. 〈나이〉

[동사구]　你做什么? Nǐ zuò shénme? 당신은 무엇을 하고 있습니까?

[형용사구] 这本小说十分有趣。Zhè běn xiǎoshuō shífēn yǒuqù. 이 소설은 아주 재미있습니다.

[주술구] 他个子很高。Tā gèzi hěn gāo. 그는 키가 큽니다.
他性子急。Tā xìngzi jí. 그녀는 성격이 급합니다.

■ 목적어

① 목적어가 되는 품사

[명사(구)] 姐姐正洗衣服。Jiějie zhèng xǐ yīfu. 누나는 지금 빨래를 하는 중입니다.
妈妈很关心我。Māma hěn guānxīn wǒ. 어머니는 나를 매우 걱정하고 계십니다.

[동사] 大家开始讨论了。Dàjiā kāishǐ tǎolùn le. 모두 토론을 시작했습니다.
双方进行协商。Shuāngfāng jìnxíng xiéshāng. 쌍방이 협상을 진행합니다.

[형용사] 我喜欢清静。Wǒ xǐhuan qīngjìng. 나는 조용한 것이 좋습니다.
我不怕热。Wǒ bú pà rè. 나는 더위를 타지 않습니다.

[동목구] 他喜欢打排球。Tā xǐhuan dǎ páiqiú. 그는 배구를 즐겨합니다.
我学会了画画儿。Wǒ xuéhuì le huà huàr. 나는 배워서 그림을 그릴 줄 압니다.

[的구] 这是甜的。Zhè shì tián de. 이것은 단 것입니다.
我认识修自行车的。Wǒ rènshi xiū zìxíngchē de. 저는 자전거 수리점을 알고 있습니다.

[주술구] 我发现他有一种爱好。Wǒ fāxiàn tā yǒu yì zhǒng àihào.
나는 그의 취미 활동을 발견했습니다.
你知道这是怎么一回事? Nǐ zhīdao zhè shì zěnme yì huí shì?
당신은 이것이 어떤 일인지 알고 있습니까?

* 주술구가 목적어가 될 때 술어로는 감각, 심리작용을 나타내는 동사가 많이 쓰입니다.

主张 zhǔzhāng (주장하다)　认为 rènwéi (~라고 생각하다)　证明 zhèngmíng (증명하다)
表现 biǎoxiàn (표현하다)　相信 xiāngxìn (믿다)　知道 zhīdao (알고 있다)
觉得 juéde (느끼다)　发现 fāxiàn (깨닫다)　爱 ài (사랑하다, 좋아하다)
恨 hèn (원망하다)　怕 pà (무서워하다)

[수량사구] 你要哪一本? Nǐ yào nǎ yì běn? 당신은 어느 책이 필요합니까?
弟弟打扫这一间。Dìdi dǎsǎo zhè yì jiān.
남동생은 이 방을 청소합니다.
他写了两篇(论文)。Tā xiěle liǎng piān (lùnwén).
그는 (논문을) 2편 썼습니다.

我收到了一封(信)。Wǒ shōudào le yì fēng (xìn).
저는 (편지를) 1통 받았습니다.

[등위구]　他有一枝钢笔、两枝铅笔。Tā yǒu yì zhī gāngbǐ、liǎng zhī qiānbǐ.
　　　　　그는 만년필 1자루와 연필 2자루를 가지고 있습니다.

[수식구]　那是一件好事。Nà shì yí jiàn hǎoshì. 그것은 좋은 일입니다.

② 이중목적어

동사의 대부분은 목적어를 하나만 수반합니다. 이중목적어(직접목적어와 간접목적어)를 수반하는 동사는 借, 送, 给, 问, 请教, 告诉 정도로 한정되어 있습니다.

他给了我一本书。Tā gěile wǒ yì běn shū. 그는 책 1권을 저에게 주었습니다.
我送他一支毛笔。Wǒ sòng tā yì zhī máobǐ. 나는 그에게 붓을 1자루 보냅니다.
他教我们跳舞。Tā jiào wǒmen tiào wǔ. 그는 우리에게 댄스를 가르칩니다.
我告诉你一个好消息。Wǒ gàosu nǐ yí gè hǎo xiāoxi. 당신에게 좋은 소식을 하나 알려드릴게요.

■ 한정어

한정어는 주어나 목적어를 수식합니다. 谁, 多少, 怎么样에 응답하는 기능이 있습니다.

我们的生活很有意义。Wǒmen de shēnghuó hěn yǒu yìyì. 우리 생활은 의미가 있습니다.
我买了两本相册。Wǒ mǎile liǎng běn xiàngcè. 저는 앨범을 2권 샀습니다. 〈수량〉
今天的天气真不错。Jīntiān de tiānqì zhēn bú cuò. 오늘 날씨는 정말로 좋습니다. 〈시간〉
田地里的庄稼绿油油的。Tiándìli de zhuāngjià lǜyóuyóu de. 논밭의 농작물은 푸르고 싱싱합니다. 〈장소〉
我哥哥已经工作了。Wǒ gēge yǐjing gōngzuò le. 제 형은 이미 근무하고 있습니다. 〈종속〉
中国来的几位老师就住在这儿。Zhōngguó lái de jǐ wèi lǎoshī jiù zhùzài zhèr.
중국에서 오신 몇 분의 선생님은 여기에 살고 있습니다. 〈범위〉
鲜红的太阳从东方升起。Xiānhóng de tàiyáng cóng dōngfāng shēngqǐ.
선홍색의 태양이 동쪽에서 올라갑니다. 〈성질〉
小张是个热心人。Xiǎo Zhāng shì ge rèxīn rén. 장씨는 열의가 있는 사람입니다. 〈특징〉
那是放书的柜子。Nà shì fàng shū de guìzi. 저것은 책을 놓는 선반입니다. 〈용도〉
他买了一件皮夹克。Tā mǎile yí jiàn píjiākè. 그는 가죽 점퍼를 한 벌 샀습니다. 〈재료〉
他现在是英语教师。Tā xiànzài shì Yīngyǔ jiàoshī. 그는 지금 영어 선생님입니다. 〈직업〉

① 한정어가 되는 품사
[형용사]　这儿有美丽的园林。Zhèr yǒu měilì de yuánlín. 여기에는 아름다운 정원이 있습니다.
　　　　　高大的楼房，一座连着一座。Gāodà de lóufáng, yí zuò liánzhe yí zuò.
　　　　　높고 큰 빌딩들이 나란히 늘어서 있습니다.

优秀论文已经评选出来了。 Yōuxiù lùnwén yǐjing píngxuǎnchūlai le.
우수 논문이 이미 선정되었습니다.

活泼的孩子们正在玩游戏。 Huópo de háizimen zhèngzài wán yóuxì.
활발한 아이들은 게임을 하고 있습니다.

[명사] 城市的建设还很繁重。 Chéngshì de jiànshè hái hěn fánzhòng.
도시의 건설은 더욱더 힘들고 어렵습니다.

[대사] 我一定尊重您的意见。 Wǒ yídìng zūnzhòng nín de yìjiàn.
저는 반드시 당신의 의견을 존중하겠습니다.

这是他的笔记本。 Zhè shì tā de bǐjìběn. 이것은 그의 수첩입니다.

我们的节目演得怎样? Wǒmen de jiémù yǎnde zěnyàng?
우리 작품의 공연이 어떻습니까?

[동사] 参观的人络绎不绝。 Cānguān de rén luòyì bù jué.
견학하러 오는 사람들이 끊임없이 이어지고 있습니다.

[수사] 到会的有四、五十人。 Dào huì de yǒu sì、wǔshí rén. 회의 참가자가 사오십 명 됩니다.

全世界共有七大洲。 Quán shìjiè gòng yǒu qī dà zhōu. 전세계에 7개의 대륙이 있습니다.

他送来两盒点心。 Tā sònglai liǎng hé diǎnxīn. 그는 과자 두 상자를 보내옵니다.

房间里有十五个人。 Fángjiānli yǒu shíwǔ ge rén. 방 안에 15명이 있습니다.

那一本书我想买。 Nà yì běn shū wǒ xiǎng mǎi. 저 책을 한 권 사고 싶습니다.

[구] 学过中文的人真不少。 Xuéguo Zhōngwén de rén zhēn bù shǎo.
중국어를 배워본 사람이 정말 많습니다.

刚才走过去的人是谁? Gāngcái zǒuguoqu de rén shì shéi?
조금 전에 지나간 사람은 누구예요?

讲清楚的事就不要再提了。 Jiǎng qīngchu de shì jiù bú yào zài tí le.
명확하게 논의된 일을 다시 꺼낼 필요는 없습니다.

他是我们尊敬的老师。 Tā shì wǒmen zūnjìng de lǎishī.
그는 우리가 존경하는 선생님입니다.

我们要研究关于教学方面的问题。 Wǒmen yào yánjiū guānyú jiàoxué fāngmiàn de wèntí.
우리는 교육 방면의 문제에 대해서 연구하고자 합니다.

② 한정어와 的

수량사를 제외한 피수식어와 한정어 사이에는 보통 的를 첨가합니다.

夏天的衣服 xiàtiān de yīfu 여름 옷 (명사)

我的书包 wǒ de shūbāo 나의 가방 (대명사)

薄薄的书 báobáo de shū 얇은 책 (형용사)

讨论的主题 tǎolùn de zhǔtí 토론할 테마 (동사)

看漫画的小朋友 kàn mànhuà de xiǎopéngyou 만화를 보는 아이 〈동목구〉

最新鲜的水果 zuì xīnxiān de shuǐguǒ 가장 신선한 과일 〈수식구〉

关于住宿的问题 guānyú zhùsù de wèntí 숙박에 관한 문제 〈개사구〉

* 的를 사용하지 않는 경우는 꼭 기억해둡니다.

[대사]　　　　　　我爸爸 wǒ bàba 나의 아버지 〈가족〉

　　　　　　　　　你们公司 nǐmen gōngsī 당신들의 회사 〈귀속 조직〉

[의문대사]　　　　多少钱 duōshao qián 얼마?

　　　　　　　　　什么材料 shénme cáiliào 무슨 재료?

[단음절형용사]　　酸橘子 suān júzi 시큼한 귤

　　　　　　　　　甜苹果 tián píngguǒ 단 사과

[수량구]　　　　　一张床 yì zhāng chuáng 하나의 침대

　　　　　　　　　一辆车 yí liàng chē 한 대의 차

[한정어의 명사와 수식받는 명사가 고정된 경우]　中国菜 Zhōngguó cài 중국 요리

　　　　　　　　　　　　　　　　　　　　　　韩国酒 Hánguó jiǔ 한국 술

[물건의 성질을 나타낼 때]　玻璃杯 bōlibēi 유리컵

　　　　　　　　　　　　　　木头椅子 mùtou yǐzi 목제 의자

③ 한정어의 순서

보통 '장소 + 소속 + 시간사 + 수량 + 성질 + 재질·재료 + 종속'의 순서로 놓습니다.
시간사는 소속의 앞에 놓일 수도 있습니다.

他 是 我们学校 一位 教语文的 老教师。 Tā shì wǒmen xuéxiào yí wèi jiào yǔwén de lǎo jiàoshī.
　　　소속　　수량　종속　　종속　그는 우리 학교에서 언어를 가르치는 베테랑 교사입니다.

衣架上 我的 一件 皮 大衣 怎么 不见 啦? Yījiàshang wǒ de yí jiàn pí dàyī zěnme bú jiàn la?
장소　소속　수량　재료　옷걸이에 걸려 있던 제 가죽 코트가 왜 보이지 않죠?

我 买了 一套 时新 的 深灰色 的 毛料 西服。 Wǒ mǎile yí tào shíxīn de shēnhuīsè de máoliào xīfú.
　　　　수량　성질　　성질　　재료　나는 유행하는 짙은 회색의 모직 양복을 한 벌 샀습니다.

* 한정어는 보통 피수식어의 앞에 오지만 뒤에 오는 경우에도 의미는 똑같습니다.

她又生了个孩子，男的。Tā yòu shēngle ge háizi, nán de.
그녀는 또 아이를 출산했습니다. 남자아이입니다.

秧苗已经长出来了，绿油油的。Yāngmiáo yǐjīng zhǎngchūlai le, lǜyóuyóu de.
묘목은 벌써 크게 성장했습니다. 푸르고 싱싱합니다.

公园里开满了鲜花，红的、白的、黄的、紫的。
Gōngyuánli kāimǎn le xiānhuā, hóng de, bái de, huáng de, zǐ de.
공원에는 붉은색, 흰색, 노란색, 보라색의 꽃이 만개하였습니다.

■ 부사어

부사어는 술어를 수식하는 요소입니다. 何时(언제), 何地(어디서), 怎么样(어떻게), 为什么(왜) 등에 대답합니다.

老张今天去上海了。Lǎo Zhāng jīntiān qù Shànghǎi le.
장씨는 오늘 상하이에 갔습니다. (언제 갔다고? 오늘)

大家在礼堂听报告呢。Dàjiā zài lǐtáng tīng bàogào ne.
모두 강당에서 연설을 듣고 있습니다. (어디서 들었다고? 강당에서)

今天的天气很好。Jīntiān de tiānqì hěn hǎo.
오늘 날씨는 아주 좋습니다. (얼마나 좋다고? 매우)

我们为了国家而辛勤劳动。Wǒmen wèile guójiā ér xīnqín láodòng.
우리는 국가를 위해서 부지런하게 일하고 있습니다. (왜 일한다고? 국가를 위해서)

我马上去。Wǒ mǎshàng qù. 나는 곧 갑니다. 〈시간〉

桌子上放着一杯水。Zhuōzishang fàngzhe yì bēi shuǐ. 책상 위에 물을 한 컵 놓아두었습니다. 〈장소〉

家乡的风景特别美。Jiāxiāng de fēngjǐng tèbié měi. 고향의 풍경은 특히 아름답습니다. 〈정도〉

人都到了，开会吧! Rén dōu dào le, kāi huì ba! 모두 모였으니 회의를 시작합시다. 〈범위〉

我们坚决按照上司的要求办事。Wǒmen jiānjué ànzhào shàngsi de yāoqiú bàn shì.
우리는 엄격하게 상사의 요구에 따라서 일을 합니다. 〈목적〉

你跟她谈过这件事吗? Nǐ gēn tā tánguo zhè jiàn shì ma?
당신은 그녀와 이 일에 대해서 말해본 적이 있습니까? 〈대상〉

大家热烈地讨论了这个问题。Dàjiā rèliède tǎolùnle zhège wèntí.
모두들 이 문제에 대해서 열심히 토론했습니다. 〈상태〉

到时候，我会亲自登门拜访的。Dào shíhou, wǒ huì qīnzì dēngmén bàifǎng de.
그때가 되면 제가 직접 집으로 방문하겠습니다. 〈방식〉

事情果然不出所料。Shìqing guǒrán bù chū suǒliào. 일은 역시 예상대로였습니다. 〈어기〉

那天，我一定来。Nàtiān, wǒ yídìng lái. 그날 저 꼭 갈게요. 〈긍정〉

小蔡没去过那儿。Xiǎo Cài méi qùguo nàr. 채씨는 거기에 간 적이 없습니다. 〈부정〉

① 부사어가 되는 품사

[부사] 我就来。Wǒ jiù lái. 곧 가겠습니다.

[형용사] 我们热烈欢迎韩国朋友。Wǒmen rèliè huānyíng Hánguó péngyou.
우리는 한국의 친구를 열렬하게 환영합니다.
他仔细地看了看。Tā zǐxìde kànlekàn. 그는 세심하게 관찰했습니다.

[능원동사] 这件事可以办到。Zhè jiàn shì kěyǐ bàndào. 이 일은 완성할 수 있습니다.

[지시대사] 这个故事多么有趣啊! Zhège gùshi duōme yǒu qù a! 이 이야기 진짜 재미있다!
今天怎么这么热闹? Jīntiān zěnme zhème rènao? 오늘은 왜 이렇게 왁자지껄할까요?

[명사] 明年北京见。Míngnián Běijīng jiàn. 내년에 베이징에서 만납시다.

[동사] 经济正在飞跃发展。Jīngjì zhèngzài fēiyuè fāzhǎn.
경제가 눈부시게 발전하고 있습니다.

[개사구] 你从哪里来? Nǐ cóng nǎli lái? 당신은 어디에서 왔습니까?
她对学生提出了严格的要求。
Tā duì xuésheng tíchūle yángé de yāoqiú.
그녀는 학생에 대해서 엄격한 요구를 했다.

[주술구] 她们喜气洋洋地参加联欢会。
Tāmen xǐqì yángyángde cānjiā liánhuānhuì.
그녀들은 매우 즐겁게 친목모임에 참가합니다.
他信心十足地走上讲台。Tā xìnxīn shízúde zǒushàng jiǎngtái.
그는 자신만만하게 연단에 올라갔습니다.

[수식구] 他十分愉快地接受了邀请。Tā shífēn yúkuàide jiēshòule yāoqǐng.
그는 아주 기쁘게 초대를 받았습니다.

[동목구] 工作要有计划地进行。Gōngzuò yào yǒu jìhuàde jìnxíng. 일은 계획대로 진행해야 합니다.

[등위구] 她们总是和颜悦色地接待顾客。Tāmen zǒngshì héyányuèsède jiēdài gùkè.
그녀들은 항상 미소로 고객을 응대합니다.

[방위구] 讲台上老王正在做报告。Jiǎngtáishang Lǎo Wáng zhèngzài zuò bàogào.
연단 위에서 왕씨는 연설을 하고 있습니다.

보통은 부사어 뒤에 地를 붙이기 때문에 地가 부사어의 표시가 됩니다.

시간, 장소, 범위, 대상, 목적 등의 기능을 수행하는 경우에는 보통 地를 사용하지 않습니다. 상태, 방식을 나타낼 때는 地를 붙입니다.

② 부사어의 순서

'시간·어기·장소 + 목적·범위·대상 + 정도·상태'의 순서로 쓰입니다.

我们 今天 倒要 对这件事 仔细地 推敲 一番。Wǒmen jīntiān dào yào duì zhè jiàn shì zǐxìde tuīqiāo yìfān.
　　 시간　어기　대상　　　 상태　　　우리는 오늘 이 일에 대해서 더욱더 면밀히 검토해야 합니다.

他们 昨天 在会议室 对工作计划初稿 认真地 进行讨论。
　　 시간　장소　　　대상　　　상태
Tāmen zuótiān zài huìyìshì duì gōngzuò jìhuà chūgǎo rènzhēn de jìnxíng tǎolùn.
그들은 어제 회의실에서 일의 계획을 담은 초고에 대해서 진지하게 토론했습니다.

③ 부사어의 위치

　보통 주어의 뒤, 술어의 앞에 놓입니다. 다만 개사 关于, 至于로 연결된 개사구가 부사어가 되는 경우에는 주어 앞에 놓입니다.

关于劳动制度，还要讨论一下。Guānyú láodòng zhìdù, hái yào tǎolùn yíxià.
노동제도에 대해서는 조금 더 논의가 필요합니다.
至于一些具体要求，以后再谈。Zhìyú yì xiē jùtǐ yāoqiú, yǐhòu zài tán.
몇 개의 구체적인 요구에 대해서는 나중에 다시 얘기합시다.

　시간사, 방위구, 개사구에서 파생되는 부사어도 주어의 앞에 놓일 수 있습니다.
前天，我去北京了。Qiántiān, wǒ qù Běijīng le. 그제 나는 베이징에 갔습니다.
晚上七点见，不见不散。Wǎnshang qī diǎn jiàn, bú jiàn bú sàn.
밤 7시에 만납시다, [만날 때까지] 거기서 기다리겠습니다.
在实践中，我们学到了不少知识。Zài shíjiàn zhōng, wǒmen xuédào le bù shǎo zhīshi.
실천 중에서 우리는 많은 지식을 배웠습니다.
除了教学之外，还要搞科研、忙家务。Chúle jiàoxué zhī wài, hái yào gǎo kēyán, máng jiāwù.
가르치는 일 외에 또한 과제연구라든지 집안일도 해야 합니다.
那时候，我的生活比现在紧张多了。Nà shíhou, wǒ de shēnghuó bǐ xiànzài jǐnzhāng duō le.
그때, 제 생활은 지금보다 훨씬 바빴습니다.

　부사어를 술어 뒤에 놓을 때도 있습니다.
请再说一遍，详细一点儿。Qǐng zài shuō yí biàn, xiángxì yìdiǎnr.
다시 한 번 이야기해 주세요. 조금 더 자세히.
他没有回家，昨天晚上。Tā méiyǒu huíjiā, zuótiān wǎnshang.
어젯밤 그는 집에 돌아가지 않았습니다.

■ **보어**

　술어(동사 또는 형용사) 뒤에 쓰여 동작, 행위, 성질 등을 자세히 보충 설명하는 요소입니다. 怎么样, 多少, 多久, 何时, 何地 등에 응답합니다. 보어에는 정도보어, 결과보어, 방향보어, 가능보어, 수량보어, 시량보어가 있습니다.

这儿的风景美极了。 Zhèr de fēngjǐng měi jí le. 여기의 풍경은 아주 아름답습니다.

我读了三遍课文。 Wǒ dúle sān biàn kèwén. 저는 본문을 세 번 읽었습니다.

他生于一九一九年。 Tā shēngyú yī jiǔ yī jiǔ nián. 그는 1919년에 태어났습니다.

她住在天津。 Tā zhùzài Tiānjīn. 그녀는 텐진에 살고 있습니다.

① 보어가 되는 품사구

[형용사]　你把话说清楚。 Nǐ bǎ huà shuō qīngchu. 당신은 확실하게 말하세요.

[부사]　这样办, 好极了。 Zhèyang bàn, hǎo jí le. 이렇게 하면 매우 좋습니다.

[동사]　你听懂他的话吗? Nǐ tīngdǒng tā de huà ma? 당신은 그의 말이 이해가 됩니까?

[수량구]　我休息了一天。 Wǒ xiūxile yì tiān. 저는 하루 쉬었습니다.

[개사구]　她来自古都西安。 Tā láizì gǔdū Xī'ān. 그녀는 옛 수도 시안에서 왔습니다.

[의문대사]　准备工作做得怎么了? Zhǔnbèi gōngzuò zuòde zěnme le? 일의 준비 상황은 어떻습니까?

[구]　这栋楼房, 又高又大。 Zhè dòng lóufáng, yòu gāo yòu dà. 이 빌딩은 높고 큽니다. 〈등위구〉

昨天我睡得晚。 Zuótiān wǒ shuìde wǎn. 어제 저는 늦게 잤습니다. 〈수식구〉

他说得大家都笑了。 Tā shuōde dàjiā dōu xiào le.
그가 이야기를 하여 모두를 웃게 했습니다. 〈주술구〉

玻璃擦得亮多了。 Bōli cāde liàng duō le. 유리는 닦여서 반짝반짝 광이 났습니다. 〈보충구〉

问题讲得一清二楚。 Wèntí jiǎngde yì qīng èr chu. 문제를 말하는 것이 매우 분명합니다. 〈고정구〉

小明忙得忘了吃饭。 Xiǎo Míng mángde wàngle chīfàn.
小明은 식사하는 것을 잊을 정도로 바쁩니다. 〈동목구〉

② 보어의 위치

　보통 술어 뒤, 목적어 앞에 위치합니다. 그러나 수량보어는 목적어의 뒤에 올 수도 있고, 특히 목적어가 대명사이면 반드시 목적어의 뒤에 옵니다.

我去过两次庆州。 Wǒ qùguo liǎng cì Qìngzhōu. 나는 경주에 2번 간 적이 있습니다.

= 我去过庆州两次。Wǒ qùguo Qìngzhōu liǎng cì.

我学过两年中文。Wǒ xuéguo liǎngnián Zhōngwén. 나는 중국어를 2년 배운 적이 있습니다.

= 我学过中文两年。Wǒ xuéguo Zhōngwen liǎng nián.

我问过他一次。Wǒ wènguo tā yí cì. 저는 그에게 한 번 물은 적이 있습니다.

他看了我一眼。Tā kànle wǒ yì yǎn. 그는 나를 힐끔 보았습니다.

방향보어는 목적어 앞이나 뒤 어디나 쓰일 수 있습니다. 복합방향보어의 목적어는 보어 중간에 와도 상관없습니다.

他从衣袋里拿出来一些钱。Tā cóng yīdàili náchūlai yìxiē qián.

= 他从衣袋里拿一些钱出来。Tā cóng yīdàili ná yìxiē qián chūlai. 그는 호주머니에서 얼마의 돈을 꺼냈습니다.

= 他从衣袋里拿出一些钱来。Tā cóng yīdàili náchu yìxiē qián lái.

他给我找来一个人。Tā gěi wǒ zhǎolai yí ge rén.

= 他给我找一个人来。Tā gěi wǒ zhǎo yí ge rén lái. 그는 나에게 한 사람을 찾아주었습니다.

● 중국어의 품사 ●

중국어의 품사는 크게 6개의 실사와 6개의 허사로 이루어져 있습니다.

[허사]

[실사]

■ **名词** mígcí (명사)

[일반명사]	书 shū	水 shuǐ	茶 chá	花 huā	纸 zhǐ	尺 chǐ
	铅笔 qiānbǐ	黑板 hēibǎn	电视 diànshì	课本 kèběn	词典 cídiǎn	苹果 píngguǒ
[방위사]	东 dōng	南 nán	上 shàng	下 xià	后面 hòumian	前面 qiánmian
[시간사]	昨天 zuótiān	晚上 wǎnshang	明年 míngnián	前年 qiánnián	春天 chūntiān	冬季 dōngjì

■ **代词** dàicí (대사)

[인칭대사]	我 wǒ	你 nǐ	您 nín	他／她 tā／tā	我们 wǒmen	你们 nǐmen	他们 tāmen
[의문대사]	谁 shéi	什么 shénme	怎么 zěnme	哪个 nǎge	哪里 nǎli	几 jǐ	多少 duōshao
[지시대사]	这 zhè	那 nà	这里 zhèli	那里 nàli	这样 zhèyàng	那样 nàyàng	

■ **数词** shùcí (수사)

[기수]	一 yī	二 èr	三 sān	四 sì	九十九 jiǔshíjiǔ
	十 shí	百 bǎi	千 qiān	万 wàn	亿 yì
[서수]	第一 dìyī	第二 dì'èr	初一 chūyī	头等 tóuděng	
[분수]	三分之一 sān fēnzhī yī		百分之七十 bǎi fēnzhī qīshí		
[소수]	0.4 líng diǎn sì		15.3 shíwǔ diǎn sān		
[개수]	上下 shàngxià	左右(약~,~정도) zuǒyòu	多(~ 넘어) duō	来(~ 가량) lái	

■ **量词** liàngcí **(양사)**

[명량사]	个	张	块	本	件	把	双
	ge	zhāng	kuài	běn	jiàn	bǎ	shuāng
	条	根	只				
	tiáo	gēn	zhī				
[동량사]	回	遍	趟	次	顿	场	阵
	huí	biàn	tàng	cì	dùn	chǎng	zhèn

■ **动词** dòngcí **(동사)**

[일반동사]	说	写	看	听	走	吃	喝
	shuō	xiě	kàn	tīng	zǒu	chī	hē
	坐	有	打	访问	参加	准备	喜欢
	zuò	yǒu	dǎ	fǎngwèn	cānjiā	zhǔnbèi	xǐhuan
	缩小	出发	迟到				
	suōxiǎo	chūfā	chídào				
[능원동사]	要	得	可以	应该	能	会	愿意
	yào	děi	kěyǐ	yīnggāi	néng	huì	yuànyì
[방향동사]	出	进	来	去	起	下	起来	下去
	chū	jìn	lái	qù	qǐ	xià	qǐlai	xiàqu
[판단동사]	是						
	shì						

■ **形容词** xíngróngcí **(형용사)**

大	多	高	低	忙	酸	好
dà	duō	gāo	dī	máng	suān	hǎo
高兴	新鲜	漂亮				
gāoxìng	xīnxiān	piàoliang				

■ **介词** jiècí **(개사)**

在	跟	由	从	和	比	由于
zài	gēn	yóu	cóng	hé	bǐ	yóuyú
对于	为	把				
duìyú	wèi	bǎ				

■ **副词** fùcí (부사)

真 zhēn	很 hěn	非常 fēicháng	更 gèng	都 dōu	不 bù	没 méi	也 yě
已经 yǐjing	马上 mǎshang	常常 chángcháng					

■ **助词** zhùcí (조사)

[구조조사]	的 de	地 de	得 de			
[동태조사]	了 le	着 zhe	过 guo			
[어기조사]	吗 ma	吧 ba	啊 a	呢 ne	的 de	了 le

■ **连词** liáncí (접속사)

和 hé	跟 gēn	同 tóng	与 yǔ	但 dàn	因为 yīnwèi	而且 érqiě	可是 kěshì

■ **叹词** tàncí (감탄사)

啊 a	哎 āi	嗯 ng	哎呀 āiyā	咦 yí

■ **拟声词** nǐshēngcí (의성어)

嘟 dū	哗啦 huālā	喔喔 wōwō	叮当 dīngdāng	轰隆隆 hōnglōnglōng	嘀嗒嘀嗒 dīdādīdā

연습문제 해답

연습문제 1

[1]
1 这是手表。
2 那是你的书包吗?
3 我是韩国人。
4 你喝咖啡吗?
5 马老师教我们汉语。
6 哪个是你的?
7 你买中文词典吗?
8 我有手机。
9 我没有手纸。
10 北京有很多公园。

[2]
1 你们吃不吃中国菜?
2 老师给了我们戏票。
3 你的兴趣是什么?
4 这是你的照相机吗?
5 小朋友在游泳池游着泳呢。
6 我上个月请了三天假。
7 车站对面有一个银行。
8 他不看电视。
9 我不告诉他这件事。
10 你房间里有电视吗?

[3]
1 우리는 중국어를 공부합니다.
2 너희는 야구장에 가니?
3 그는 누나가 2명 있다.
4 당신은 어느 나라 사람입니까?
5 이 나무에는 새가 없습니다.

[4]
1 怎么 / 2 哪儿 / 3 什么
4 为什么 / 5 谁 / 6 什么时候
7 几 / 8 怎么样 / 9 哪种 / 10 多少

연습문제 2

[1]
1 你的生日几月几号?
2 邮局在哪儿?
3 他不在宿舍里。
4 明天星期一。
5 老师不是首尔人。
6 这个西瓜甜不甜?
7 计算机不在桌子上。
8 今天天气很好。
9 姐姐高，妹妹矮。
10 工作忙吗?

[2]
1 我哥哥个子不高。
2 你有几本中文杂志?
3 今天不是星期三。
4 你身体怎么样?
5 这个东西有点儿贵。
6 这件毛衣非常漂亮。
7 这间屋子太干净了。
8 东边儿是图书馆。
9 这本词典不太好。
10 你的钢笔在他那儿。

[3]
1 내 방은 크지 않습니다.
2 지금 몇 시입니까?
3 이 책은 좋은가요?
4 신문이 여기에 있습니다.
5 그들은 모두 학생이 아닙니다.

[4]
1 二 / 2 两 / 3 二 / 4 两 / 5 二
6 两 / 7 二 / 8 两 / 9 二 / 10 二

[5]
1 把 / 2 双 / 3 听 / 4 家 / 5 张
6 个 / 7 辆 / 8 枝 / 9 本 / 10 条
11 张 / 12 把 / 13 个 / 14 架 / 15 封
16 趟 / 17 顿 / 18 次 / 19 遍 / 20 顿
21 场 / 22 番 / 23 眼 / 24 口

[1]

1 我很喜欢跳舞。
2 他们回家吃午饭。
3 我们去玩儿吧。
4 我不坐公共汽车去。
5 这儿能(可以)吸烟。
6 我要喝茶。
7 你会说中文(汉语)吗?
8 我给你打电话。
9 他会帮助你。
10 从家到公司要一个小时。

[2]

1 妈妈去商店买东西。
2 他骑自行车去学校。
3 他非常想学习中文。
4 他一天不能写五篇稿子
5 大家去操场踢足球。
6 我们现在就走吧。
7 我得搞完这个工作。
8 我们应该看这本小说。
9 我能开汽车。
10 我愿意参加今天的舞会。

[3]

1 자스민차 주세요.
2 우리, 걸어서 가죠.
3 빨리 와서 식사하세요.
4 너희들 꼭 열심히 공부해야 해.
5 맥주 마실래요?

[4]

1 在 / 2 朝 / 3 离 / 4 从 / 5 给 / 6 为了
7 往 / 8 从 / 到 / 9 跟 / 10 在

[1]

1 这个信封上没(有)写(着)寄信人的地址。
2 我们正在学习中文呢。
3 爸爸看报呢。
4 飞机要降落了。
5 快要放暑假了。
6 我买了三斤桃子。
7 他没(有)买水果。
8 我吃过一次法国菜。
9 我去过北京。
10 你在做什么呢?

[2]

1 姐姐在洗衣服呢。
2 他们在图书馆看书呢。
3 老师没有在讲台上站着。
4 妈妈做着饭呢。
5 我们照了几张相。
6 我去公园练过太极拳。
7 你们住过北京饭店吗?
8 你正在写信吗?
9 他们将要离开这儿了。
10 樱花快要开了。

[3]

1 나의 여동생은 아직 학교에 다니지 않습니다.
2 나는 그를 한 번 본 적이 있습니다.
3 그는 옷을 갈아입고 있어요.
4 창문이 열려 있나요?
5 날이 금방 어두워졌다.

[4]

1 着 / 2 了 / 3 着 / 4 过 / 5 着
6 了 / 7 过 / 8 过 / 9 了 / 10 过

연습문제 5

[1]

1 他说汉语说得很流利。
2 她唱得很好。
3 他没有作完练习。
4 吃饱了吗?
5 我一天睡八个小时。
6 他们学汉语学了四年。
7 我没有带雨伞来。
8 他出去了。
9 我买得起电脑。
10 今天晚上你回得来吗?

[2]

1 她弹钢琴弹得非常好。
2 她跳舞跳得怎么样?
3 我已经记住了这一课的生词。
4 我们没有买到中文课本。
5 他回办公室去了。
6 他们走进咖啡馆来了。
7 你看得懂看不懂中文报?
8 你拿得动这么重的行李吗?
9 我们听懂了老师讲的话。
10 这些汉字我写了三遍才学会。

[3]

1 우리는 무척 기쁩니다.
2 당신은 그녀를 알아보았어요?
3 남동생은 저녁 내내 텔레비전을 보았습니다.
4 전화가 오자마자 그는 건물 아래로 뛰어내려
   갔습니다.
5 내가 들어가도 될까요?

[4]

1 得 / 2 得 / 3 得 / 4 好 / 5 完
6 去 / 7 来 / 8 到 / 9 来 / 10 去

연습문제 6

[1]

1 她比我跑得快。
2 今天比昨天冷。
3 梨子比橘子便宜吗?
4 老师不让我们喝啤酒。
5 让您久等了。
6 这部小说使我很感动。
7 你把相机带来了吗?
8 请把门关上。
9 我把钥匙忘在房间里了。
10 我是前天到的广州。
11 我的钱包被偷走了。
12 我的自行车被他骑走了。

[2]

1 我的手机叫弟弟弄坏了。
2 蛋糕让姐姐和妹妹吃完了。
3 我不是在书店里买的书。
4 今天早晨我把朋友送到机场了。
5 请先把住宿表填一下吧。
6 这个南瓜比那个重一公斤。
7 我们的生活比以前好多了。
8 张老师叫你们写作业吗?
9 妹妹跟姐姐一样高。
10 他们那儿没有这儿这么热。

[3]

1 남동생은 나보다 키가 작습니다.
2 어머니가 내게 가서 물건을 사오라고
   하셨습니다.
3 그가 내게 식사를 권했습니다.
4 우리는 반드시 중국어를 잘 공부해야 합니다.
5 이 책은 그녀가 빌려갔습니다.

[1]

1 　如果下雨，我就不来。

2 　她既是优秀学生，又是运动选手。

3 　即便是夏天，我们这儿也不热。

4 　只要你说得慢，我就听得懂。

5 　(因为)这本词典不好，所以我不买。

6 　我也想去洗温泉，只是没有时间。

7 　我喜欢下象棋，更喜欢下围棋。

8 　你是看电影，还是看京剧?

9 　我吃完了饭，再去朋友的家。

10　我们一边走路一边说话。/ 我们(一)边走(一)边谈。

[2]

1 　她不仅长得很漂亮，而且性格也非常好。

2 　我宁可多跑几家书店，也要买到这本书。

3 　既然决心上大学，就应该抓紧学习。

4 　虽然试验失败了，但是我并不灰心。

5 　我要是一只鸟，就能飞上天空。

6 　不管天气怎么样，我每天都要坚持做早操。

7 　咱们为了小王和小张的幸福干杯吧。

8 　你说怎么做，我们就怎么做。

9 　因为他平时太自傲，所以大家不喜欢他。

10　休息的时候，我们就打乒乓球，或者打羽毛球。

[3]

1 　내 월급은 갈수록 많아졌습니다.

2 　바람 불고 비가 와도 저는 반드시 올 겁니다.

3 　병이 나서 그는 수업에 오지 못했습니다.

4 　먼저 숙제를 다 해놓은 후에 나가서 노세요!

5 　내가 광조우에 갔고, 그도 광조우에 갔습니다.

[4]

1 　如果，就

2 　不是，而是

3 　又，又

4 　不但，而且

5 　尚且，何况

6 　不是，就是

7 　所以，因为

8 　不过

9 　除非，才

10　为了